知的障害特別支援学校の 家庭 指導

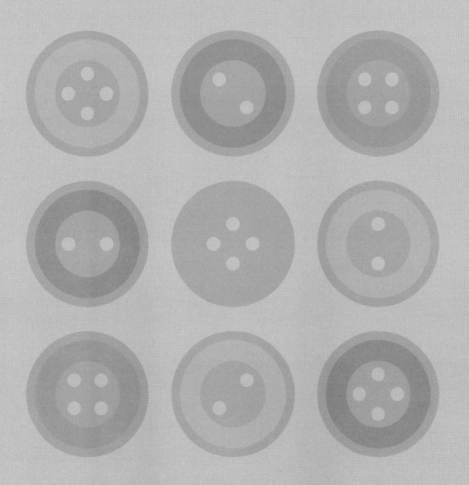

——監修——
井上 とも子・小川 純子

——編著——
全国特別支援学校知的障害教育校長会

はじめに

全国特別支援学校知的障害教育校長会
会長　村野　一臣

　全国特別支援学校知的障害教育校長会では、前年度、『新時代の知的障害特別支援学校の音楽指導』を出版するとともに、『自閉症スペクトラム児の教育と支援』の改訂版をまとめ好評を得ている。今年度は、新たに知的障害特別支援学校の「家庭」を取り上げ、全国の特別支援学校小学部から高等部での実践事例を集め、授業の改善や専門性の向上につながる内容を『知的障害特別支援学校の「家庭」指導』としてまとめることにした。

　知的障害特別支援学校では、「家庭」の指導において、高等部卒業後の社会自立、生活自立につながる力を伸ばすために、様々な具体的な活動を取り入れて授業を展開している。出版にあたっては、食物や被服に関する実習事例だけでなく、学習指導要領に記載された、家庭生活、住居などの指導事例も取り上げた。また、小学部の生活単元学習で「家庭」の内容を中心に単元化された授業、中学部の「職業・家庭」の「家庭」の領域に関する実践事例も取り上げている。実践事例を参考に、将来「地域で生きる」ことを念頭に、日常の生活に生かせるさらなる授業の展開を期待している。

　今回も、全国の特別支援学校に投稿を呼び掛けたところ、多くの事例が寄せられた。編集を担当した事務局の校長もすべてを取り上げたい気持ちで調整に苦労したところである。残念ながら紙幅の関係ですべて紹介できなかったことをここにお詫びしたい。今回掲載させていただいた22事例は、全国の特別支援学校で実践してきた指導事例の集約として、授業に役立つ内容であると確信している。

　本書では、鳴門教育大学教授井上とも子先生、愛知県立名古屋特別支援学校小川純子校長先生に監修をお願いするとともに、知的障害特別支援学校における家庭指導のあり方、家庭指導の実践的なポイントについて理論編の執筆をお願いした。共生社会の実現に向けて、知的障害特別支援学校における「家庭」指導の中で、地域や家庭との関連性など、より個を視点とした自立という観点の示唆をいただいた。また、関係資料として、全国特別支援教育推進連盟理事長大南英明先生、聖学院大学教授吉田昌義先生が作られた指導内容表を掲載した。是非、指導の参考にしていただきたい。日常的に大変忙しい中、多くの方が執筆に尽力されたことに心から感謝したい。

平成27年12月

知的障害特別支援学校の「家庭」指導
目　　次

はじめに

第1部　理論編

1　これからの知的障害特別支援学校における家庭指導のあり方について
　　　　　　　　　　　　　　　　鳴門教育大学教授　井上 とも子 ………… 8

2　知的障害特別支援学校における家庭指導（実践上）の
　　ポイント・教員の専門性のあり方
　　　　　　　　　　　愛知県立名古屋特別支援学校長　小川 純子 ……… 16

第2部　実践編

1　小学部・中学部の事例

①野菜を育ててクッキング！　　　　　　山口県立徳山総合支援学校 ……… 26
②生活単元学習「カレーパーティーをしよう」　徳島県立池田支援学校 ……… 32
③生活単元学習　食育・バケツ稲作り　　東京都立矢口特別支援学校 ……… 38
④朝食づくりにチャレンジ！ 〜3年間の食物学習の取り組み〜
　　　　　　　　　　　　　　　　　　　三重県立くわな特別支援学校 ……… 44
⑤栄養士とコラボで学ぶ食生活　　　　　滋賀県立北大津養護学校 ……… 50

2　高等部「食」に関する事例

①お弁当を作ろう！　　　　　　　　　　青森県立むつ養護学校 ……… 56
②生活の力を高める段階的で系統性のある調理実習
　　　　　　　　　　　　　　　　　　　愛知県立春日台特別支援学校 ……… 62
③栄養バランスのよい食事を考えよう　鳴門教育大学附属特別支援学校 ……… 70
④健康な体と食生活 〜働くために必要な体づくりについて〜
　　　　　　　　　　　　　　　　　　　沖縄県立美咲特別支援学校 ……… 76

3　高等部「食」以外に関する事例

①家庭の授業において一人一人が主体的に学ぶ
　～「見る・気づく・考える」を生活に生かす実践～
　　　　　　　　　　　　　　東京都立白鷺特別支援学校　……… 82

②被服　ティッシュボックスケースを作ろう
　～布製品の製作で日常生活を豊かにしよう～　東京都立青鳥特別支援学校　……… 88

③清潔に保とう　～衣服の品質と手入れ～　　鳥取県立白兎養護学校　……… 94

④身だしなみを整える　～洗顔とひげそり～　茨城県立勝田特別支援学校　……… 100

⑤電化製品の安全な使い方と正しい手入れの方法を身につける
　　　　　　　　　　　　静岡県立藤枝特別支援学校焼津分校　……… 106

⑥いつのお金が大切？　～やりくりシミュレーション～
　　　　　　　　　　　　　　京都市立白河総合支援学校　……… 112

⑦明るく豊かな家庭生活を営むために
　楽しみながら実用的なものを作る実践例
　　　　　　　　　　　　　　兵庫県立いなみ野特別支援学校　……… 118

⑧「混ぜればごみ、分ければ資源」ごみを正しく分別しよう
　　　　　　　　　　　　　　富山県立しらとり支援学校　……… 124

4　高等部「作業学習」のうち「家庭」的内容を多く含む事例

①はってん祭で販売しよう　～布を使った製品をつくろう～
　　　　　　　　　　　　　　佐賀県立伊万里特別支援学校　……… 130

②羊毛加工作業　～生活する力をつける～　北海道鷹栖養護学校　……… 136

③作業学習　農業・サービス班の実践
　「あぐりかふぇを成功させよう」　　　　福島県立西郷養護学校　……… 142

④地域・産業界との連携を通して
　「働く力」を育成する家政コースの取り組み
　　　　　　　　　　　　　　岡山県立倉敷琴浦高等支援学校　……… 148

⑤「できるようになった！」が実感できる作業学習の進め方
　～台布巾・花布巾の製作を通して～　　富山県立となみ総合支援学校　……… 154

〈関係資料〉
特別支援学校（知的障害）特別支援学級（知的障害）の指導内容表
　―各教科の具体的内容―（抜粋）　　　　　　　　　　……… 162
監修・編集委員一覧
執筆者一覧

第1部　理論編

1　これからの知的障害特別支援学校における
　　家庭指導のあり方について
2　知的障害特別支援学校における家庭指導（実践上）
　　のポイント・教員の専門性のあり方

1 これからの知的障害特別支援学校における家庭指導のあり方について

鳴門教育大学教授　井上 とも子

　ここでは、特別支援学校の学習指導要領の中の知的障害者に対する教育に焦点を当て、そこにおける家庭科について述べる。

1．これからの特別支援学校の教科学習

　平成26年1月、我が国は、国連が推奨する「障害者の権利に関する条約（障害者権利条約）」に批准した。それに先駆け平成25年、「障害を理由とする差別の解消の推進に関する法律（障害者差別解消法）」を制定し、平成28年度から一部を除いて施行される。文部科学省も平成25年秋に、就学先決定のための就学指導委員会を、仮称ではあるが、教育支援委員会とし、就学を指導するのではなく、保護者や本人のニーズや要望に応じ、相談を重ね、理解の上で就学先を決めるという就学先決定を支援していく方向に改めた。これらは、障害者権利条約にあるように、障害のある者も障害のない者も共に同じ場で教育を受け、生活をする共生社会を目指した上でのことであり、障害があることによって差別されないことを強く打ち出したものである。これらの法令等の整備によって、環境の整備は一層進められている。

　ここで、障害のある者もない者も共に地域の中で暮らすことを考えるとき、誰もが暮らしやすい、生きやすい社会のありようは、環境だけではなく、それぞれ、そこに暮らす者の意識の問題も大きく影響する。それには、表現として、障害のある者とない者という二者に分けられた言い方ではなく、「誰にとっても生きやすい環境」「誰もが、共に生きる思いや意識をもつこと」が望まれ、かつ、一人ひとりが「個」を尊重し合える地域社会を形成する必要がある。そのためには、力を提供する側と、提供される側に分かれるのではなく、それぞれ「できること」を共に生きる地域の人々のために提供し合い、困難を支え合う意識、より一層の「自立する心」が求められる。特別支援教育において、障害のある者にとって「合理的配慮を求めることができる」ことだけではなく、「個々一人ひとりが社会の求めに応じることのできる」力を培うという、「自立」に向けた取り組みがさらに重要となると考えられる。

　今、この共生社会に向けて、文部科学省は、「インクルーシブ教育システム構築に特別支援教育は欠かせない」としており、今後、特別支援教育においてこれまで以上に「社会における共生」を踏まえた、すなわち社会参加を前面に打ち出す教育の推進が図られることになろう。とするなら、特別支援学校の教科学習はさらに生活場面に活かされることが

目的とされ、日常生活に応用・活用可能な、むしろ、直接的に子供個々の生活に根ざした内容や学習体制、学習形態が求められるようになると考えられる。

2．普通教育と特別支援教育（知的障害教育）における家庭科

　普通教育と特別支援教育（知的障害教育）の家庭科のねらいを比べてみると（**表1**）、ともにその目標には、「実践的」であることが求められている。家庭科という教科は、そのねらいから家庭生活や社会生活において実践されてこその教科といえよう。この点において、普通教育と特別支援教育（知的障害教育）の家庭科は、他の教科学習よりも目指すところの一致点は多いといえるようにみえる。

　ただし、準ずる教育を含む普通教育においては、学年進行に伴って家政学等の学問領域への発展をも目指しており、かつ、学び方も実践的とはいえ、学級内でのシミュレーション的学習や講義形式の座学も少なくなく、学習者が自身の力で自分の家庭や地域生活への実践的広がりを図る形態の学習が多い。一方、特別支援学校の知的障害部門では、学問領域への発展ではなく、生活場面における実際の活用までも視野に入れた、いわゆる直接的に自立に役立つ内容の習得を目指しているといえる。

　普通教育では、「実践的・体験的」といっても、学校の中で家庭生活を模して進められ、シミュレーション的学習といわざるを得ない。すなわち、普通教育では、実際の個々の生

表1　学習指導要領にみる「家庭科」および関連教科の目標

普通教育における目標			特別支援学校（知的障害部門）における目標		
小学校	家庭	衣食住などに関する実践的・体験的な活動を通して、日常生活に必要な基礎的・基本的な知識及び技能を身に付けるとともに、家庭生活を大切にする心情をはぐくみ、家族の一員として生活をよりよくしようとする実践的な態度を育てる。	小学部	生活	日常生活の基本的な習慣を身に付け、集団生活への参加に必要な態度や技能を養うとともに、自分と身近な社会や自然とのかかわりについて関心を深め、自立的な生活をするための基礎的能力と態度を育てる。
中学校	技術・家庭	生活に必要な基礎的・基本的な知識及び技術の習得を通して、生活と技術とのかかわりについて理解を深め、進んで生活を工夫し創造する能力と実践的な態度を育てる。	中学部	職業・家庭	明るく豊かな職業生活や家庭生活が大切なことに気付くようにするとともに、職業生活及び家庭生活に必要な基礎的な知識と技能の習得を図り、実践的な態度を育てる。
高等学校	家庭	人間の生涯にわたる発達と生活の営みを総合的にとらえ、家族・家庭の意義、家族・家庭と社会とのかかわりについて理解させるとともに、生活に必要な知識と技術を習得させ、男女が協力して主体的に家庭や地域の生活を創造する能力と実践的な態度を育てる。	高等部	家庭	明るく豊かな家庭生活を営む上に必要な能力を高め、実践的な態度を育てる。

活への広がりは、すなわち、普通教育においては、子供自身が、学校で様々な教科を通して学んだ知識的内容を咀嚼し、想像性を活かして自身の生活に合うように、また、自身の生活上の問題を解決するために組み合わせて、将来においても自立生活に活用・応用していくもの、いけるものとの認識のもとで成り立っている教育といえる。

　それに比して、特別支援教育、特に知的障害のある者の教育は、直接的に生活に反映される内容と広がりを考えての実践を学習体系にした学習といえよう。極端にいえば、家庭科を日常生活場面で行うことが、児童生徒一人ひとりのニーズに応じ、地域生活をも含めた学習活動ということになるかもしれない。しかし、物理的に一人の児童生徒の家庭に一人の教員を配置した学習を展開することは困難である。それゆえ、学校と、家庭や地域における学びをつなげるには、家庭の協力は不可欠である。ほかに、家庭をサポートする組織との連携も必要となろう。とするなら、家庭との連携、家族の協力体制の強化、地域力の活用を含めた「家庭科」の個別の指導計画が重要といえ、日常への確実な発展という視点が、普通教育の家庭科と大きく異なるところと考えることができる。

3．特別支援教育（知的障害教育）の家庭科に求められる視点

　将来の社会的自立、生活自立を考えるとき、学校教育の中の教科としての「家庭」は自立活動とともに、一層重要な教科となるであろう。特別支援教育における家庭科は、計画段階において、ことばや数の学習を基礎に置き、より日常化、すなわち、日常生活に反映できる学びで組み立てられるべきであり、個々の児童生徒の日常に結び付けるところまでをも盛り込まれることが望まれる。

　特別支援学校の学習指導要領の中、「知的障害のある者」の項における家庭科は、中学部になって「職業・家庭」として「家庭」という教科名が出てくる。そして、高等部に至って「家庭」となる（**表1**）。中学部の職業・家庭の前段階として、小学部に「生活」がある。この教科の名称や目標の変遷からも、特別支援教育（知的障害教育）における家庭科は、「生活すること」に直結する教科と捉えており、生活に反映されてこその教科といえる。

　それだけに、ことばや数、社会や理科の学習を基礎とし、生活実践としての教科が家庭であり、学習形態として合わせた学習ができる他の教科、自立活動とも深くかかわって進められる教科といえよう。

　学習者が知的障害を含む発達障害を有する場合、体験したことのない状況下で、学んだ力を発揮することが特に困難といわれており、この特性からも経験的学習、実践的学習が重要といわれるところである。繰り返し学習とともに体験・経験的学習が必要といわれる知的障害を含む発達障害のある児童生徒にとっての家庭科は、特に、内容としての「実践的」ではなく、生活に活用される学習形態があってこその学習といえる。実践的学習は、本来その力を必要とする実際の生活場面において学習することが最も効果的であり、学校や学級の中での学習もより実際的な場面設定が重要となり、かつ、個々の日常生活場面に広げるという意味で、家族の協力を得ながら、家庭学習まで計画することが望まれる。買

い物など、家庭から地域に出て行うような内容においても、学校から出て学校周辺の商店やマーケットの活用の仕方を学ぶ段階から、より日常への広がりを求めて家庭のある地域の資源活用まで、家庭科として計画することも今後、求められるようになると考えられる。一方、特別支援学校は、必ずしも生徒の生活地域にあるとは限らず、学校周辺の資源活用では、シミュレーション的学習の域を出ない。これでは、卒業後、学校で学んだことを日常において十分に発揮するには不十分な状態での卒業といわざるを得ない。個々の児童生徒が生活する地域において、力を発揮できてこその自立であるなら、生活地域における学習を計画するという、学習の仕上げの段階を組み入れることも大事であるといえよう。児童生徒の数だけ、日常生活地域があるという特別支援学校において、それぞれの児童生徒にそれぞれの生活空間における実践的学習を進めることは、時間的にも人的対応の問題からも非常に困難である。とするなら、家庭の協力を得て、家庭生活と地域の状況を調査し、家族が日常化を図るという学習の仕上げ段階に協力することができるよう計画することによって、日常化への広がりを担保することが可能ではないかと考える。

　昨今は、他教科や教科学習以外の学習領域とも合わせ、教科との関連付けの中で学習が計画されることが多い。例えば、調理実習という体験・経験的学習も、理科の「栽培」や生活の「収穫」、「買い物」の学習と合わせ、単に食べるものを作るところだけの単元設定ではなくなってきている。

　さらに発展させるとしたら、学習計画の中に個々の家庭における実践も含まれることを期待したい。また、高等部段階では、家族の献立を考えるなど、自分自身のことだけではなく、家族の一員としての役割を盛り込んだり、自身の昼食を弁当づくりとして考えるなど、キャリア教育との関連も考えたり、様々な形で、家庭科を生活自立、社会的自立に広げることができよう。高等部段階になれば、休日の家族の朝食作りを担い、買い物を計画したり、購買のための金銭管理をしたりなど、家族との話し合いのもと、自身の家庭内の役割分担に家庭科の学びを活用させてほしいものである。

4．特別支援学校（知的障害部門）の家庭科の内容

　社会的自立には、「衣・食・住」にかかわる技能のみならず、労働・余暇・交際・物の購入と金銭管理・将来設計・育児・介護・社会資源の活用等々、様々な生活を円滑に営む上での視点のもとに内容が考えられている。その一つ一つの内容において、必要な技能が学べるように計画してあるが、家庭科は小学部段階の生活や、ことば・数の学習を基礎とし、中学部の各教科学習によって培われた力の集大成が、家庭科で具現化される形をとっているといっても過言ではない。特に中学部では、「職業・家庭」として、小学部の生活科で培われた「自立的な生活をするための基礎的能力と態度」をもって、労働に一歩踏み出し、職業に就くことを前提に「知識と技能の習得」がねらわれており、その目的に「職業生活及び家庭生活」とあるように、家庭生活から社会生活への広がりとして職業を捉え、家庭生活の延長線上として職業生活を考えることが、指導計画に無理がないと考えられる。

中学部では、「衣・食・住」に関する学習内容も、家庭や学校生活から生活範囲を身近な地域社会へ広げたところに視点を当てたものとなり、関連性の理解や把握の苦手な知的障害のある生徒にとっては、一つ一つの技能や知識の習得から体験的経験的な学習のもとに連関のある学び、すなわち、様々な技能や知識を合わせて活用できるようになる学びが求められている。例えば、外食時のメニュー選択からマナーまで、料理に合った食材選択、手元にある食材の活用と買い物、金銭残額と買い物の関係、季節と衣類の分類、場面に応じた衣服の選択、地域の一員としての暮らし、環境とゴミの分別等々、ここでのキーワードは「関連した学び」ということになろう。

　関連性を理解するためには、実際の社会の仕組みに触れさせることや、長い時間の経過の中で学ばせる必要が出てくると考えられ、数時間のまとまった単元学習より、毎日の体験的学習、いわゆる帯状の学習形態や、役割や仕事としての学習体制をとる必要も出てくると思われる。また、余暇に関する学習などは、生活の場である家庭との事後の連携が不可欠である。例えば、公共施設の活用の仕方を実地において学習する場合など、一通りの使い方体験のみならず、家族とその公共施設を利用してみて学ぶべき課題を探るなど、学校を卒業した後、もしくは休日の施設活用を想定した学ばせ方をする必要があると考える。

　高等部に至っては、「職業」が切り離され「家庭科」となるが、中学部の学習をもとに、より自立的な「自身の生活の振り返りのもとに、よりよい生活の仕方、地域社会への貢献も含めた自身の生活の組立」までをも意識した学習へ広がることが期待される。この時点で再度、「個の将来」の見直し、高等部卒業後の生活のありようについて、保護者とも十分に相談する中で、再度計画の立て直しがなされるべきであろう。社会自立を念頭に、卒後、家族との生活、職業をもっての生活など、生徒一人ひとりのニーズの再確認と計画の立て直しの中で、家庭科の内容も考えられることが望まれる。

　特別支援学校において、職業や就労に関しては現場実習などが綿密に計画されるが、アメリカの移行支援（学校生活から社会生活への移行）プログラムにある「一人で生活する」体験計画は、体系的に見受けられない。日本では、特別支援学校の高等部は職業への移行支援を行っており、外国の移行支援プログラムとは異なる。

　たとえ、家族と共に生活する将来であっても、家族と共に生活する上で、自分はどのように生きるか、家族と共にどのように生きるかまでも、家族の希望とともに、移行支援計画が家庭科においても盛り込まれる必要があろう。ひとつの教科の中でというのではなく、もちろん個別の教育支援計画の上で移行支援計画は立てられるべきであるが、教科ごとにも、特に家庭科においては、社会的自立、生活自立に直結している教科だけに、関連をもった指導計画が立てられるべきであろう。

5．指導計画作成上の留意点

　家庭科の指導計画を立てる場合、「衣・食・住」を念頭に考案されることが多い。日常生活に優先されるからである。特に、「食」に関しては、児童生徒も理解しやすく、関心

が高いとして調理が題材にされることが多い。児童生徒の興味・関心を中心にすると、「おやつ・お菓子類」を作って「楽しい実習」を目指した計画が多くなってくる。しかし、日常生活を考えれば、常におやつとなるものを作るわけではなく、日々作ることができ、自身の食生活の一部を担える調理技能を養うとすると、おやつ作りでは使う道具や技能が限られ、「基礎づくり」となりうるとはいえない。また、中学部に至っては、地域の食のあり方、手に入りやすい材料、地域文化としての食のあり方等とも関係してくる。調理方法など、「一般的」な作り方と、「その家庭」の作り方とが異なる場合などは、学校で学んだことが家庭の中で発揮しにくいことが起こりうる。日常化の課題がこのような小さな問題からも生じる。

　計画時、楽しみかどうかという興味・関心以上に、本人が本人の力を十分に発揮して「できる」体験をいかに「わかる」なかで味わっていくかが重要とされ、取り組むことができた実感をどのように抱かせるかに視点が当たるようになってきている。学習においての成就感は、好きな食品が口にできるかということより、「いかに取り組めたか」「取り組んだ達成感」が重要とされている。題材よりも、できる工程が重要であり、授業は、楽しさよりも取り組んだときに得られる実感の方が、学びの効果は高いとされる。

　題材も「衣・食・住」の視点で進められることを基本としながらも、衣の中の「職業」、食の中の「余暇」、住の中の「社会資源活用」など、広く関連をもたせ、学部間の連携、地域との連携、家庭との連携、そして、衣と食と住の連携を図っての、長いスパンにおける計画を立てることができる特色的な取り組みが、特別支援学校には可能であろう。

6．生活基盤である家庭生活との連携 〜卒後を考慮して〜

　卒業後の社会生活に活かされてこその家庭科学習であり、自立活動との組み合わせによって、卒後の生活に役立つ感覚を得やすい教科ともいえよう。前途のとおり、生徒それぞれの生活の見直しから、個々の家庭科学習の目標を定める必要がある。知的障害のある者が高等部卒業後、家族と共に暮らす例は少なくない。卒後の生活が一人暮らしから、家族と共に暮らす、仲間と共に暮らすまで様々であるなら、その将来を描いての学習内容が必要であろう。まさに移行支援である。公的に移行支援をする場が少ない以上、高等部段階で移行支援を念頭に入れた各教科等の学習を計画するべきであり、家庭科の担う移行支援のエリアは広い。

　先にも述べたが、生徒一人ひとりの生活環境は異なり、個々の発揮できる生活上の能力も異なることを個別の指導計画に十分に反映させることこそ、個のニーズに応じた家庭科教育となろう。家庭の協力を得ながらの学校教育を幼い頃より計画し、学校と家庭の支援の仕方を合わせることも必要と考える。技能形成の際には、どのように学んでいく我が子がいるのか、参観をしたり、支援に加わったりする機会を随所に盛り込んだ保護者参加型の授業を推奨する。子供からすると「支援のされ方が統一される」ことになり、学びやすく日常化が図られやすい。共生社会はまず、家庭内から始めるべきと考える。

小学部の生活単元学習における指導計画作成の際は、まず、生活の調査、どのような生活を送っているのかを調べ、保護者主導の日常生活ではなく、子供が主体的に生活の中で動くために必要な技能や知識は何か、活動のための環境としてのニーズは何かを調査することである。一般的な生活ではなく、個人として、また、家族の中の一人として、「学ぶことは何か」を計画に盛り込むことの重要性は高いと考える。中学部、高等部においては、小学部で培われた力の把握、将来に向けた保護者の希望、就労を意識した家庭生活の目標、卒後の生活の仕方などの調査も必要であり、家庭科ほどパーソナルな教科学習はないともいえる。社会生活における自立を目指す指向は、小学部の生活単元学習から、延々引き継がれていくべきものと考える。

　社会的自立とは、なんでも一人ですること、また、一人暮らしをすることをいうのではなく、本人の力を最大限発揮して社会人として他者とかかわりあって生活をするという意味である。とするなら、家庭科においても「自ら、できることをできる形で、主体的に参加する」授業態度を培う目標が明記されるべきだろう。自分の力を最大限発揮して生活するという自立は、誰かに用意してもらって、言われたままに動いて課題を仕上げることではなく、準備から片付けまで参加し、自らの解決すべき課題として取り組み、その課題を日常的に活用するところまでを指導することが重要なこととなる。学習場面では、子供が着席したまま、じっと、教師が整える準備や片付けを待っているような場面をよく見受ける。子供は、課題の中心的な活動にのみ参加し、しかも、一人ひとり仲間の面前に出て課題に取り組み、その間、他の子供たちは、待たされているだけであることが多い。1時間中の活動は、たった1回、中心的活動をしただけということがよくある。「他者のしていることを見ること」より、動いて学ぶという機会を増やし、文脈の中で仲間と交わりながら活動することの方が、社会的自立に向けては重要であるといえる。例えば、家族や仲間、他者とともに社会の中で生活していく場合に必要なコミュニケーション、社会性がある。家庭科の中でも、このような必要なコミュニケーションや社会性を学ばせることのできる様々な機会を、1時間の授業の中に設けることができる。そのために、領域・教科を合わせた指導があり、家庭科に合わせて自立活動としても、報告や連絡、意思伝達など社会で求められる社会性、コミュニケーションの伸長を目標として入れ、1時間の授業の中で活動したのが数分であったということのないよう、学習場面を全て、学びの機会にすることを心がけて支援・指導を進めてほしいと願う。

7．実践につながる評価の観点

　日常生活や社会生活に活用されてこその家庭科の学びということから、個別の教育支援計画を経た個別の指導計画の作成において、目標が設定される。この計画は、PDCAサイクルによって進められる。

　PDCAサイクルのC（チェック）・A（アクション）における評価にも、計画時に視点を定めておく必要がある。単に学習内容が習得できたかではなく、地域の資源とその活用の

仕方等々、地域の生活の中での広がり、現実の生活の中での活用状況も評価の中に入れることが重要であろう。教育課程の目標に何度も出てくる「実践的」という文言に示されているように、学校の中で目の前の課題ができたかどうかの評価だけではなく、学校の外に出たときにその評価が、自立した生活場面に活かされるかどうかという観点が重要であり、かつ、年度当初の実態把握の後、指導があり、指導の数カ月後、一年間のまとめとしての家庭生活と社会生活の実践に、学んだことが活かされているかの評価を求めたいものである。

　家庭科は、先に教科の学習があるのではなく、現実の児童生徒の生活が優先され、そこからの目標、具体的内容と指導方略、評価であってほしいものである。

8．実践事例に対するコメント・意見

　本書第2章の実践事例を見ると、「食」に関する授業が多い。児童生徒が興味・関心をもちやすく、食べることは生きることにおいて最も身近で、欠かせない、必要度の高いものと考えられるからであろう。日常的にも台所で炊事をする家族を見ていたり、「手伝い」をさせやすかったりするために、年齢が小さければなおさら、「食」の家庭科教材を設定する場合が増えることは理解できる。しかし、教科全般にいえることであろうが、課題や題材選択として「指導すること」を優先させ、「食＝関心が高い」と観念的に捉えてはいないだろうか。一人ひとりの「食」のあり方を個々の家庭から導き出し、そこから必要な態度と技能に関するニーズを把握し、授業工程としては同じことをしていても、個々の指導目標があっての授業であることを願う。

　ここで出されている実践事例は、単に調理実習というだけではなく、調理に使用する材料調達から、調理後の展開まで、長いスパンで計画されており、また、地域色も大事にされていることから、「この地域で生きる」ことを意識された題材となっているものも多い。十分教育課程の意図が反映されている。

　この授業実践の後、数カ月後、これらの授業が、本人たちの家庭生活や社会生活に影響を及ぼしているかの評価もほしいところである。このような点からも家庭との連携、地域社会の人々とも連携し、学校内の学習から家庭へ、地域へと視野を広げて、この教科を縦軸としての時間軸とともに、横軸としての「生きる場」の広がりを想定した広がりのある家庭科教育を展開してほしい。

　また、今後の発展として、「食」からの発展や、連関、学部間連携、地域社会との関連性の発展など、「関連性」をキーワードに、即後に生かされうる家庭科のあり方が求められていくことを期待している。

2 知的障害特別支援学校における家庭指導(実践上)のポイント・教員の専門性のあり方

愛知県立名古屋特別支援学校長　小川 純子

　子供たちの「うわー！！」という歓声、きらきらした瞳、それらに彩られた授業以上のものがあるだろうか。その子供たちの笑顔のために、そしてその笑顔が卒業後の生きる力へとつながるように、私たちは知的障害特別支援学校で、あるいは知的障害特別支援学級で毎日悪戦苦闘しているのである。これは本当に充実した、楽しさに満ちた悪戦苦闘である。

　知的障害特別支援学校では、対象とする児童生徒の学習上の特性から「生活に役立つ」「生活に生きる」という指導内容が重視されている。その内容は、具体的な場面で実際的な活動を通した指導として展開され、経験を通して、生活の中で活動できる範囲を広げたり、活動をより一層高めたりすることが大切であると捉えられている。「家庭」に関わる指導内容は、特にこの「生活に役立つ」「生活に生きる」ということからみて、子供たちの生活そのものであると言っても過言ではない。その子供たちの生活をどう授業として構成していくのか。学校、そして教員の力が問われるところである。実際には、小学部の「生活科」から、中学部の「職業・家庭」、そして高等部の「家庭科」へと内容を深めたり、広げたりしながら卒業後の生活を見据えて、具体的な指導内容が示されている。そして、これらの指導内容は、領域・教科を合わせた指導である「生活単元学習」や「作業学習」などの指導形態において、授業として計画され、実践され、卒業後の自立に向けて指導が進められている。

　本稿においては、知的障害特別支援学校における家庭指導を進めていくための実践上のポイント、そしてそれを支える教員の専門性について述べる。

1．教育課程の変遷

　ここでは、学習指導要領の変遷の中で、特に家庭科にかかわる（1）昭和38・39年の学習指導要領の制定（養護学校）、（2）昭和46・47年の学習指導要領の改訂、（3）平成元年の学習指導要領の改訂の3つを取り上げる。

（1）昭和38・39年の学習指導要領の制定（養護学校）
　〜家庭科の目標と内容を明示〜
　昭和38年には、養護学校の小学部（精神薄弱教育については小・中学部）について、昭和39年には、中学部について学習指導要領（事務次官通達）が制定された。

○精神薄弱養護学校
①教育内容の示し方を、従前の6領域から各教科等に分類
　小学部：国語、社会、算数、理科、音楽、図画工作、家庭、体育
　中学部：国語、社会、数学、理科、音楽、図画工作、保健体育、職業・家庭、選択教科
②教育課程編成の特例を明記（領域・教科を合わせた指導）

（2）昭和46・47年の学習指導要領の改訂
～養護学校小学部に家庭科の内容を含み再編して生活科を新設～

　昭和46年には、盲学校、聾学校及び養護学校の小学部・中学部について、昭和47年には、高等部について改訂された。
　この改訂では、特殊教育の対象となる児童生徒の障害の状況に即応して、より一層きめ細かな教育を行うようにするため、①教育目標を明確に打ち出すこと、②児童生徒の障害の種類や程度等に応ずるため、教育課程の弾力的な編成を可能にすること、③心身の発達上の遅滞や欠陥を補うために必要な指導分野を充実し、心身の調和的発達を図ることを基本方針として次のように改訂した。
　①教育目標を各障害別に明確化
　②心身の障害の状態を改善・克服するための特別の指導分野として「養護・訓練」の領域を新設（教科「体育（保健体育）・機能訓練」、「養護・体育（保健体育）」の廃止）
　③精神薄弱養護学校の各教科について、独自の教育目標・内容を示すとともに、小学部の教科として「生活」を新設
　④重複障害者等に係る教育課程編成の弾力化（下学年の内容と代替、各教科等の一部に代えて「養護・訓練」を主とした指導など）

（3）平成元年の学習指導要領の改訂　～高等部学習指導要領に「家政科」を新設～

　平成元年には、小・中学部及び高等部の学習指導要領を改訂するとともに、新たに幼稚部教育要領を制定した。
　この改訂では、障害者を取り巻く社会環境の変化や児童生徒の障害の多様化に対応するため、障害の状態や能力・適性等に応じる教育を一層進め、可能な限り積極的に社会参加・自立する人間の育成を図る観点から、①小・中学校等に準じた改訂を行うこと、②幼稚部教育要領を作成すること、③児童生徒の障害の状態に応じた指導の一層の充実を図ること、④高等部における職業教育の充実を図ることを基本方針として、次のような改訂を行った。
　①幼稚部教育要領を作成
　②各教科の指導上の配慮事項の充実、精神薄弱養護学校小学部の各教科の内容について、発達段階に応じて3段階で明記
　③「養護・訓練」の内容の再構成
　④養護学校高等部の標準的な学科を明記、精神薄弱養護学校高等部の職業に関する学科の新設及び専門学科に係る事項の明記

２．小学部「生活」、中学部「職業・家庭」、高等部「家庭」「家政」の目標

　家庭指導（実践上）は、小学部段階においては生活科にその内容や目標が示されており、高等部卒業段階での「家庭」「家政」へと生活年齢や経験、実態等に合わせて指導が進められていく。ここでは、小学部から高等部への家庭科の内容の系統的な流れを理解しやすくするために、小学部の「生活」、中学部の「職業・家庭」、高等部の「家庭」「家政」の目標を示す。

（１）小学部「生活」

　生活科は、日常生活の基本的な習慣を身に付け、集団生活への参加に必要な態度や技能を養うとともに、自分と身近な社会や自然とのかかわりについての関心を深め、自立的な生活をするための基礎的能力を育てることを目標としている。また、生活科の指導にあたっては、家庭等との連携を図り、日々の生活を充実し、将来の家庭生活や社会生活に必要な内容を、実際の生活を通して身に付けていくようにすることが大切である。

　このことから、実際の授業を計画していくときには、指導の形態である「生活単元学習」として、授業計画を立てていく。

（２）中学部「職業・家庭」

　職業・家庭科は、職業生活や家庭生活に関連の深い内容を一つのまとまりとした活動に取り組み、健康で明るく豊かな職業生活と家庭生活の両方が大切なことに気づくようにするとともに、職業生活及び家庭生活に必要で基礎的な知識、技能及び態度を習得し、それらを日常生活や実習などで生かすことによって、実践的な態度を育成することを目標としている。

（３）高等部「家庭」

　家庭科は、家庭生活を明るく豊かにするために必要な学習活動を行い、家庭生活に関連する知識や技能を習得し、それらを実際の家庭生活で生かすことができるようにすることによって、実践的な態度を育て、学校卒業後のよりよい社会参加に結び付けることを目標としている。

（４）高等部「家政」

　家政科は、家庭に関する基礎的な知識と技術を習得すること、産業社会における生活に関連する職業の意義と役割の理解を深めること、生活に関連する職業に必要な能力と実践的な態度を育成することを目標としている。

３．授業実践のポイント

　以下に、家庭指導に焦点を当てた授業実践のポイントについてまとめる。実際には、知的障害教育についての授業実践の配慮等と同様のものであることを確認したことになる。

（１）児童生徒の実態を的確に把握する

　どの授業においても、どの児童生徒にとっても基本となるべきところである。児童生徒の実態がきちんと捉えられていなければ、授業を計画していくことはできない。特に、家

庭指導については、一人一人の児童生徒の家庭生活についての把握も重要な側面であることは言うまでもない。

現在の子供たちの家庭の状況は多様化の様相を呈している。踏み込めない部分もあるのは当然のことではあるが、基本的な家庭構成や食生活、起床時間・就寝時間などについては情報を得ておくことが重要である。食に関する指導内容も含まれるため、食物を含むアレルギーについては必ず確認しておく必要がある。

(2) 児童生徒にとって興味・関心がもてて、能動的に取り組める活動を計画する

まずは「楽しい」から入りたい。そして子供たちの「やりたい」という気持ちを動かしたい。素直に活動に入っていける子、横目で見ながらしばらく様子を見ている子、なかなか活動に入って行けない子。子供たちの反応は様々であるが、それらすべてを踏まえても、なお「楽しい」授業を構築したい。

しかし、一言で「楽しい」と言っても何が「楽しい」かは様々である。低年齢の児童には、大好きなおやつづくりから始めるのが良いかもしれない。しかし、最終的には子供たちの自分で「できる」「わかる」「決める」ことを「楽しい」につなげられる授業を目指したい。それは、食に限ったものでないことは明らかである。

一方で、子供たちが能動的に授業に取り組むということには、いろいろな配慮が必要である。子供たちが手を出したくなる教材の準備(色、大きさ、感触、安全性など)、また、机の広さ、教材の置き場所、指導者との位置、距離。さらには視覚的な支援としてのICT機器(テレビ、パソコン、タブレット、電子黒板など)の準備や活用。しかし、最新の機器のみが重要なわけではない。提示するための黒板、ホワイトボード、フラッシュカードなど、アナログの良さも見失うことなくバランスよく準備したい。

(3) 食に関する内容に偏らないようにする

子供たちが将来自立した生活を送るためには、衣食住などの日常生活に必要な基礎的・基本的な知識や技能を身に付けることが大切である。自立した生活とは「できること・することがあること」「役に立つこと」「自分で決められること」であると考えるが、これらを身に付けていくためには、衣食住のバランスがとれた指導内容が必要である。ともすると子供たちが喜ぶ、興味・関心を示す、また、指導者側が取り組みやすい、準備がしやすいということに視点がいき、食に関する内容が多くなる傾向があるが、実際の生活は食だけで成り立つわけではないことを忘れてはいけない。

(4) 授業のねらいと個々の児童の目標を明確にする

授業は基本的には学級や学年、あるいはそれぞれ目的をもったグループ分けによって行われることが多く、授業のねらいはその構成されたグループごとに決まってくる。しかし、児童生徒は設定されたねらいを達成することを一律に求められるものではない。一つの授業を準備するということは、一人一人の児童生徒の個々の目標をも明らかにして計画されるべきである。そして、このことが個別の指導計画に正確に記入されていることがさらに重要である。

（5）小学部段階から卒業後の生活を視野に入れた計画を意識する

　まさに家庭との連携の重要性が問われるところである。また、小学部で学習したことを基盤として、中学部、高等部そして卒業後の生活へとつなげていくことは特別支援学校に課された使命でもあろう。多くの子供たちは小学部から、中学部、高等部へと学びを進めていく。この長い時間をかけて、丁寧に積み上げていく力が卒業後の自立に結び付いていく。すべての教員が、自分が担当している子供のこれまで積み上げていたこと、これから積み上げてほしいことを、子供たちの実態を理解した上で計画し、指導していけることが卒業後の子供たちの生活を支える力となって身に付くのである。

（6）生活に結び付いた具体的な活動を学習活動の中心に据え、実際的な状況下で指導する

　学習上の特性として、学習によって得た知識や技能は断片的になりやすく、実際の生活の場で応用されにくいことや、成功経験が少ないことなどにより、主体的に活動に取り組む意欲が十分に育っていないことも見られる子供たちである。また、実際的な生活経験が不足しがちであるので、抽象的な内容より、実際的・具体的な内容の指導がより効果的である。つまり、できるだけ実際に近い形で授業が計画されることが、学校の他の場面で、また家庭の中で般化されやすいことは間違いない。

（7）支援・指導の系統性をもってステップアップしていく

　家庭指導では、実際的・具体的な内容の指導が重要であり、個々の児童生徒の実態を正確に把握して経験を丁寧に積み上げていくことが大切である。そのためには、様々な場面での繰り返しの指導を進め、同時に子供の実態を的確につかんだ上でのスモールステップの指導が必要となる。定型発達をきちんと踏まえた上での、学びの系統性を知らなくては取り組めない重要な部分である。

　知的障害教育においては、長く繰り返しの必要性がいわれてきているが、ただ繰り返すだけではなく、子供たちの将来の姿を見据えた生活に生きる力を身に付けるための繰り返しが必要なのである。

4．小学部、中学部、高等部における指導の一貫性、系統性について

（1）知的障害特別支援学校の教育課程の特徴

　特別支援学校学習指導要領解説総則等編（平成21年）では、教育課程編成の基本的な考え方について、次のように述べられている。

- 全教職員が共通理解を図り、学校全体として一つの教育課程を編成していくという過程が不可欠である。
- 児童生徒に対する教育については、各学部間の接続を重視することなどが必要である。
- 学校の教育目標の達成を目指して、「計画」→「実施」→「評価」→「改善」という過程を通して、毎年、改善が重ねられ、展開していく。

　知的障害のある児童生徒の学習上の特性として、学習によって得た知識や技能が断片的になりやすく、実際の生活の場で応用されにくい。また、成功経験が少ないことなどによ

り、主体的に活動に取り組む意欲が十分に育っていないことなどが挙げられている。このような特性を踏まえ、学習指導要領解説では次のような教育的対応を基本とすることが重要であると述べられている。

- ・児童生徒の実態等に即した実際的・具体的な内容を指導できるように指導内容を選択・組織する。
- ・児童生徒へのかかわり方の一貫性や継続性を確保する。
- ・目的が達成しやすいように、段階的な指導を行う。　　など

（2）指導の系統性、一貫性

　特別支援学校においては、入学から卒業後までを見通した長期的な視点で、一人一人の教育的ニーズに基づく指導内容や指導方法を明らかにし、児童生徒のその時々の自立と社会参加を目指しながら、卒業後の豊かな生活に向けた取り組みが行われている。その際、一人一人の指導内容や指導方法は、教科の目標や内容に基づき、発達の段階や生活経験、生活年齢などを踏まえた系統性のある指導を行うことが必要である。併せて、それらを、複数の指導者間で見直したり、各学部間で引き継ぎを行い、情報を共有したりして、一貫性のある指導を行うことが必要である。

- ・指導の一貫性、系統性を担保するための一つのツールとして、個別の教育支援計画や個別の指導計画がある。指導内容や指導方法はこれらの中に適切に示すとともに、実際に活用していかなければならない。
- ・本人の希望、家族の希望を全て正しく理解し、指導内容等に反映していくことは簡単なことではない。本人の希望がややもすると保護者の希望に置き換えられていたり、指導者の思い込みになったりしてはいないか。我々は常にそれを意識しながら指導にあたらなければならない。

　指導の一貫性が重要であることは述べたが、特別支援学校の指導場面において必ず一貫性のある指導が進められているかと言うと、例えば、具体的な支援方法に違いがあることがある。簡単な例では、カードなどの半具体物を説明と同時に示すことで児童生徒の理解は深まるし、表出言語の少ない児童生徒の発語を促すときにキュードスピーチのような補助的な手段を用いることなども有効であるが、複数の教職員で支援にあたることの多い特別支援学校においては、支援を進める教職員の中に支援の方法などについての共通理解がないと効果的な支援を継続していくことは難しい。スクールスタンダードあるいは学部単位での支援のスタンダードが重要であるゆえんである。

5．学習評価の在り方について

（1）知的障害教育における学習評価

　学習評価については、特別支援学校（小・中学部）学習指導要領総則（第1章第2節第4の2（12））に次のように記されている（高等部学習指導要領においても同様の記述）。
　「児童又は生徒のよい点や可能性、進歩の状況などを積極的に評価するとともに、指導の過程や成果を評価し、指導の改善を行い学習意欲の向上に生かすようにすること。」

特別支援学校における学習評価の考え方は、基本的に小・中・高等学校における学習評価の考え方と変わらないが、実際の学習評価にあたっては、児童生徒の障害の状態等を十分理解し、児童生徒一人一人の学習状況を一層丁寧に把握する工夫が求められている。
　特別支援学校においての学習評価は、一単位の授業、単元、個別の指導計画に示されている目標等に対して行われる総括的な評価であると言える。それらの評価は、個々の目標に対応してなされていくので、目標そのものが曖昧であっては評価も曖昧になってしまう。つまり、個々の児童生徒の各教科等の目標が適切に設定され、それが個別の指導計画に記載されていることが重要であるが、個別の指導計画に示されている目標はかなり大雑把に記載されていることが多い。実際の授業を構成するときには、個々の目標についてはさらに丁寧な実態把握や各教科の内容ごとの目標を適切に設定することが必要となる。適切な目標が設定され、教材等が準備された授業でこそ、子供たちは本当の姿を見せてくれるし、それを評価すべきであろう。
　例えば、特別支援学校の評価の観点を見てみると、「～することができた」とか「○、△、×」の結果のみを評価する表記が多いのではないだろうか。また、記述式の評価をしている学校も多いと思われる。学習の評価であるので、当然のことながら何ができたか、何ができなかったかということを評価し、記述していくことは大事である。しかし、ただ「できた」「できなった」だけではなく、「どうできたか」「どうしてできなかったか」「どうしたらできたか」ということをきちんと評価することはさらに重要である。例えば、「このような支援具を使用したら一人でできた」「このように褒めたらできるようになった」「周囲の音が気になる状況では集中してできなかった」など、具体的な記録が必要となる。そして、このような視点をもつことが、次の授業の課題設定の仕方や教材の工夫、指導・支援の改善に大きくつながっていくと考える。このような評価をするためにも、今後さらに評価の方法についての研究が進むことが望まれる。

（2）主体的に学習に取り組むこととは

　「アクティブ・ラーニング」に焦点が当たってきている昨今ではあるが、この学びの方法はまさに長く知的障害教育で重要であるとされてきた指導の方法であろう。つまり、学ぶ者が主体的に、また体験的に学ぶことができれば、一方的な教え込みよりもその学びの効果が大きいと考えられることは当然のことである。文部科学省の用語集によれば、アクティブ・ラーニングとは「教員による一方向的な講義形式の教育とは異なり、学修者の能動的な学修への参加を取り入れた教授・学習法の総称。学修者が能動的に学修することによって、認知的、倫理的、社会的能力、教養、知識、経験を含めた汎用的能力の育成を図る。発見学習、問題解決学習、体験学習、調査学習等が含まれるが、教室内でのグループ・ディスカッション、ディベート、グループ・ワーク等も有効なアクティブ・ラーニングの方法である」とある。
　児童生徒が主体的に学習に取り組むために最も重要と考えられることは、毎日の授業づくりと日々の改善であると言える。児童生徒が主体的に活動する授業には、児童生徒にとって興味のもてる題材や教材が適切な目標とともに用意され、自ら学習活動に取り組めるた

めの様々な条件が整えられることが必要となる。主体的に学習に取り組むことを進めるためには、学習の内容や流れがきちんと提示されること、自分で考える、自分で選ぶ、自分で決めることができる学習が用意されていること、自分から活動したい、しやすい環境が整っていること、教材や教具が適切に用意されていること、などが重要である。

　この上記の内容を考えたとき、授業として「児童生徒の生活に根ざした」「興味のもてる」「将来の生活を見通して」という重要な言葉の意味を家庭指導に見いだすことができる。これは、家庭科という教科が子供たちの家庭生活と密接に結び付いた事柄を指導内容としていることを表しているからである。しかし、反対に将来の生活を見通して、自分の家族との関係や家族とは違う仲間や友達との関係、さらには居住地や近隣の人たちとのかかわり、職場へと適応し、生活の幅を広げていくことは家庭科という教科のみの指導で進められるものではない。すでに何度も述べているが、この教科の内容を他教科の内容と組み合わせて有効に授業に反映させていくことが重要なのである。社会科、理科、保健体育など関連する他教科の内容を組み合わせて、生活単元学習や作業学習という合わせた指導の中で丁寧に学びを積み重ねていきたい。

6．家庭指導にかかわる教員の専門性とは

　教科「家庭」あるいは家庭科とは、家庭生活に必要な理解・知識・技能を習得することを目的とする科目・教科のことである。つまり、家庭科は、すべての教科の「生活」にかかわる部分を体系的、統合的、総合的に学ぶ教科であると言える。家庭科を専門とする教員は、学校での学びが、家庭での子供たち自身にどのような形でリンクするのかがわかっていることが重要である。また、家庭科では、経験的、体験的学びを重視するので、当然のことではあるが、自身の体験・経験を授業に生かす力が求められる。さらに、観察する力、記録する力、教材化する力、また、各授業における学びは独立したものではなく、子供たちの中で有機的につながっていかなければ生きる力となってはいかない。つまり、家庭指導にかかわる教員の専門性とは、知的障害教育に携わる教員にとっての専門性と大きく重なるものであることは間違いない。そして、家庭指導における専門性とは、家庭指導について適切な支援・指導ができるというだけでなく、子供たちが生きていくうえで必要な学びを身に付ける授業ができる力のあることだと言える。

参考・引用文献
文部科学省「特別支援学校学習指導要領」（平成21年告示）
文部科学省「特別支援学校学習指導要領解説総則等編」
文部科学省ホームページ「戦後の盲学校、聾学校及び養護学校の教育課程の変遷」（www.mext.go.jp/b-menu/shingi/chukyo/chuky03/032/siryo/06081803/004.htm）
文部科学省ホームページ「用語集」（www.mext.go.jp/component/b-menu/shingi/toushin/_icsFiles/afieldfile2012/10/04/1325048.3.pdf）
全国特別支援学校知的障害教育校長会（2011）『知的障害教育における学習評価の方法と実際－子どもの確かな成長を目指して－』ジアース教育新社
中央教育審議会初等中等教育分科会教育課程部会「児童生徒の評価の在り方について（報告）」

第2部 実践編

1 小学部・中学部の事例
2 高等部「食」に関する事例
3 高等部「食」以外に関する事例
4 高等部「作業学習」のうち「家庭」的内容を多く含む事例

1 小学部・中学部の事例①

野菜を育ててクッキング！

山口県立徳山総合支援学校小学部　主事　藤井　幸枝
教諭　中嶋　大輔・小柳　恵子
石井　晴美・河村　栄子

1．学校の概要と「家庭」の教育課程上の位置づけ

　本校は山口県の瀬戸内海に面した周南市の高台にあり、小学部・中学部・高等部が一緒に学んでいる校舎のまわりは、毎年春が訪れると桜の花でピンク色に彩られる自然豊かな環境に恵まれた学校である。全校児童生徒数は、150名で全員が知的障害を有しているが、肢体不自由・病弱や自閉症等を併せ有する児童生徒も多数在籍しており、近年児童生徒数が増加傾向にあるため、校舎が手狭になってきているのが現状である。

　「一人ひとりが生き生きとしてさわやかで活気にあふれた学校」をめざし、本年度の重点目標を「感動体験を通した豊かな心を育む教育活動の実践」として、小学部・中学部・高等部で連携を図りながら協働体制で取り組んでいる。教育実践にあたっては、児童生徒の発達や特性を十分に理解し、将来の児童生徒の自立と社会生活に必要な資質・能力の向上を図ることを目標に、系統的な学習指導を進めているところである。

　小学部においては、「家庭」を教科として教育課程に位置づけてはいないが、児童の生活自立や社会性を育てるために大変重要な学習であると認識し、「生活単元学習」や「自立活動」の教科・領域の中で教育実践を積み重ねている。児童の発達や障害特性に合わせた効果的な学習が展開できるよう感動体験を組み入れながら、年間指導計画や個別の指導計画を作成し、低学年から高学年へと系統的に学習内容を工夫するとともに適切な支援についても日々研修を行っている。

2．単元の概要

（1）単元名
　「野菜を育ててクッキング！」（小学部Ａ１グループ：１・２・３年）

（2）単元目標
　①長期的な見通しをもって活動に取り組むことができる。
　②野菜の世話を通して、その生長を意識し喜びを感じることができる。
　③調理活動の流れを知り、楽しんで調理することができる。

（3）児童の実態
　本学習グループの児童は、３年生３名、２年生３名、１年生１名の計７名であり、自閉症・広汎性発達障害と診断を受けている児童５名が含まれる。７名の個人差は大きく、学習課題や生活課題にも大きな差はあるが、言葉の理解や机上の学習がある程度できる集団

である。

　今回の野菜栽培（きゅうり、ミニトマト、ピーマン等）や調理学習は、１年生以外は経験がある。昨年度まで、生活単元学習の時間にホットケーキなどの調理を行ってきたが、自分たちで育てた野菜を使って調理することは初めての経験になる。

　育てて食べるという長期的な見通しをもって活動に取り組めるようになることは、本学習グループの児童にとって今後の生活に大切なことであると考える。

（4）題材について

　本単元では、自分たちで育てた野菜を使ってみんなの大好きなカレーを作ることを最終目標にしている。自分たちの手でプランターに苗を植え、育てた野菜を収穫し、調理して食べる学習は、児童にとってより意欲的に取り組むことができる活動である。そして、野菜の栽培は日々継続的に取り組む必要があり、見て、触って野菜の変化に気づき、その生長を感じながら収穫の喜びを味わうことができる。その大切な野菜を使って調理・試食をすることを通して達成感も味わうことができる長期的な見通しをもった活動になると期待できる。

　調理の活動は、流れが分かりやすく、見通しがもちやすい活動であるため、知的障害のある児童にとっても協力して作る楽しさや作ったものをおいしく味わう感動体験になると思われる。今回の授業では、調理活動の流れや調理器具の使用に慣れるための事前学習段階とし、カレーづくりの前に火を使わず、比較的簡単な手順で作ることができる「ピザトースト」づくりを行う。自分たちが育てた野菜を調理して食べることへの期待感を膨らませることができる。

（5）指導上の留意事項

　指導にあたっては、野菜の生長への関心、作ったり食べたりする調理学習の楽しさ、健康な体づくりへの意欲を体感できるように以下の点に留意して実践する。

- ・野菜の観察を通して生長の変化が意識できるように、花や実などの変化が分かりやすい部分に着目して、写真などの視覚的資料を大きなテレビ画面に投影し、過去と現在を対比できるようにする。
- ・調理活動では、衛生面の大切さを伝えるために、身支度や手洗いを徹底する。特に手洗いについては、日常生活指導の中で手洗いの手順図を見ながら継続的に指導する。また、「調理学習の流れ」がよく分かるように提示の仕方を工夫し、準備や後片付けにも主体的の関われるようにする。食器の洗い方についても実践を通して、丁寧な洗い方を学べるようにする。
- ・楽しかったこと、上手にできたことなど自分自身の活動を振り返る場面を設定し、活動に対する充実感を味わえるようにする。また、ＴＴ指導については、事前に十分に共通理解を図り、適切な支援に努めるとともに、児童の活動の様子を教員も一緒に振り返る中で、称賛したり認めたりしながら児童の達成感や自己肯定感を高めるようにしたい。

1 小学部・中学部の事例①

3．活動の実際

（1）単元計画 ＜全10時間＞

次	時数	学習内容
1	1	野菜の種を植えよう
2	2	観察しよう・お世話しよう
3	4	**野菜のピザトーストを作ろう（本時3・4／4）**
4	1	野菜を収穫しよう
5	2	野菜のカレーを作ろう

（2）本時の学習（本時案）

①題材名　「野菜のピザトーストを作ろう」
②本時の目標及び個人目標

○全体目標

・調理の流れや道具の使い方を知り、手順カードを見ながら調理をすることができる。
・それぞれのやり方で、活動を振り返ることができる。

○個人目標（2名の児童について記載）

児童	児童の実態（これまでの様子）	個人目標（評価）
O.H 男 3年	・調理を好み、意欲的に活動に参加できる。食べることは好きで、作っている間の待ち時間にも出来上がっていく様子に興味を示すことが多い。 ・調理器具の扱い方については、多少支援が必要。 ・二語文程度の表現で活動の振り返りをすることができる。	・活動の大まかな流れが分かり、積極的に取り組むことができたか。 ・写真カードや絵カードを手がかりに、活動の振り返りを簡単な言葉で表現することができたか。
N.R 女 1年	・調理の活動が好きで、周囲の児童の様子を見て活動できる。 ・調理器具の扱い方については、適切な支援をすればできることが多い。 ・明瞭な言葉で活動の振り返りをすることは難しいが、写真カードや絵カードに興味を示すようになり、それを参考に活動の振り返りができることもある。	・教師の支援を受けて、調理活動をすることができたか。 ・内容を示すカードを選び、楽しかった活動の振り返りをすることができたか。

（3）学習過程

時間（分）	学習活動・内容	指導上の留意点・配慮事項
		・ランチルームに来た児童から手洗い・消毒を済ませ席に着いて待つ。 ・手洗いや身支度の大切さを個々の児童に話しながら確認する。
5	1　はじめのあいさつをする。 　・授業の始まり 　・学習の約束	・友達の様子が参考にできるよう、テーブルのまわりにコの字型で着席する。
7	2　本時の学習の流れを知る。 　・活動の流れ	・黒板に全体の活動の流れを示しておく。 ・自分たちの育てている野菜をイメージできるように、テレビ映像を使って食材の野菜を登場させる。 ・理解を助ける手立てとして、食材や調理器具のカードや実物を示す。
20	3　ピザトーストを作る。 　①調理器具を取りに行く。 　　・準備の仕方 　②食材を切る。 　　・包丁の使い方 　③食材をパンに盛りつける。 　　・盛りつけ方 　④ピザトーストを焼く。 　　・オーブントースターの使い方（3分待つ） 　⑤皿にのせる。	・①必要な児童には、準備物をカードで示し揃えられるように支援する。 ・①包丁は指導者が準備する。 ・②包丁の持ち方、切り方に気をつけるよう言葉かけをする（猫の手）。 ・③盛りつける順番や個数を具体的に示し、作業がスムーズに行えるようにする。 ・④オーブントースター内の様子をデジカメで撮影しながらテレビに投影し、変化がリアルタイムで分かるようにする。 ・⑤とても熱いことを伝え、教師が行う。
55	4　試食、片付けをする。	・完成したことの喜びが感じられるよう、称賛する言葉かけや気持ちの共有に努める。 ・友達の食器洗いの様子をテレビに映し、丁寧な洗い方を知らせる。
75	5　活動の振り返りをする。	・どの活動でどんな気持ちだったかをカードで示し、振り返りの手立てとする。 ・児童の活動を認め称賛し、達成感を高めるようにする。
79	6　おわりのあいさつをする。	・10カウントして終わりを意識できるようにする。

1 小学部・中学部の事例①

4．指導の工夫

（1）視覚支援について

- 自閉症や知的認知の低い児童にとって分かりやすい学習になる支援として、実物やカードの提示、デジカメの映像をテレビで投影するなどの視覚的支援の工夫に努めた。オーブントースター内のパンの変化に気づいたり、食器洗いの友達の手元がはっきり見えるため自分の参考にしたりするなどのよい効果が期待できる。

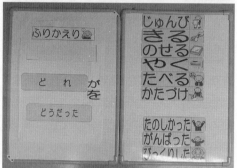

- 言葉の理解が十分でない児童にとっては、写真や絵カードを教師とのやりとりの中で活用することにより、活動の流れが理解でき、見通しをもって参加できるため、主体的・意欲的に学習に取り組めるようになる。

（2）板書計画について

- 児童が活動の流れを知ったり、作業を確かめたりするための拠り所になるように板書を工夫した。赤矢印（移動型）を活用して、今の活動を示し見通しがもてる手立てとした。

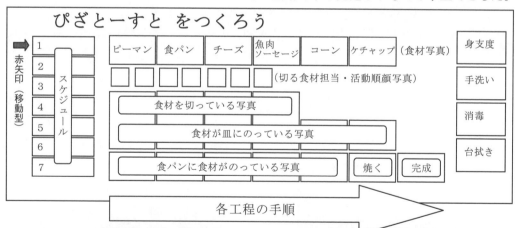

ねこの手でがんばるよ！

トッピングってたのしいな♪

5．成果と今後の課題

（1）実践を通しての児童の変化

- 学習を通して、手洗いや身支度などの衛生面の大切さを一人一人の児童が体感できた。食材として利用したピーマンは、苦手意識が強い野菜であるが、授業で食することができたことにより、給食時にも食べてみようと努力できるようになった。
- 野菜の日々の世話や収穫は、長いスパンの学習であったが、野菜の生長に驚いたり喜んだり心配したりと、自然の恵みのすばらしさを個人差はあるものの児童なりに感じることができた。虫に葉を食べられたり、鳥に実を食べられたりする被害にあったときには、「野菜がちょうおいしいから、虫や鳥さんも食べたいんじゃね。」と自分たちの育てた野菜に愛情深く接している様子がうかがえた。大好きなピザトーストやカレーを作って食べるという目標が明確に児童に意識されていたため、長い期間である野菜の世話も熱心に行えた。今回は、夏野菜を育てたが、経験したことを自信にしてじゃがいも、にんじんなどの野菜にもチャレンジできそうである。

（2）家庭との連携、生活への還元

- 「野菜を育ててクッキング！」の学習の様子については、学級通信を通して保護者にその都度知らせてきた。保護者からは「ご飯の準備のときに野菜を切ってくれました」など、学習効果が家庭生活の場で少しずつ発揮されるようになり、「家庭」で身につけさせたい技能・知識や意欲が確かなものになってきている。
- 児童の家庭環境は様々であり、家庭で調理の機会が少ない場合や時間がないからという理由で手伝いをさせない場合もあり、学校と家庭の連携については、かなり難しいのが現状である。参観日や通信等を通して、児童のがんばる姿を紹介する働きかけを継続しつつ、生活自立に役立つ学習を実践していくことが課題と思われる。

（3）実践を振り返って

- カードやテレビ映像の利用、板書の工夫等の視覚支援は、学習の流れを知り、活動への意欲を高めるために大変有効な手立てであったと思われる。板書については、縦列（スケジュール）・横列（具体的な内容）に示していたものを統一して横列に配置する等の工夫を行って、より児童の学習の流れに沿った分かりやすい板書に改善する必要があった。
- 調理活動の食材を切り、パンにのせる場面では、安全面重視の立場から児童が順番に前の調理台で行ったため、友達の活動を見る時間が長くなり集中力に欠けるといった問題点が見られた。学習過程にメリハリをつける必要があると反省した。
- 小学部における調理活動を充実させるためには、作って食べるというだけでなく、食材についてや健康・栄養についてなど幅広く内容を深めていく必要がある。そのためには、教員自身が「家庭」についてより高い知識・技能の習得をめざし、発達に応じた学習内容や特性に応じた支援の工夫について研鑽していかなければならない。

1 小学部・中学部の事例②

生活単元学習「カレーパーティーをしよう」

徳島県立池田支援学校小学部　教諭　粟島 千鶴・河崎 真理

1．学校の概要と「家庭」の教育課程上の位置づけ

　本校は知的障がい対象の特別支援学校である。県西の中山間部に立地し、本校周辺にはたくさんの福祉施設があり、地域一帯が『福祉村』と呼ばれている。

　平成26年度の在籍数は小学部17名、中学部25名、高等部31名、計73名（平成26年８月１日現在）の小規模校である（**写真１**）。小学部の約半数の児童が家庭から離れて隣接する児童施設から通学している。そのため、交通機関を利用したり買い物をしたりする生活経験が不足しがちである。このような生活環境や児童の実態を踏まえ、小学部では「自立的な生活力」の育成に向けて各教科等を合わせた指導を教育活動の中心に据え教育課程を編成している。特に生活単元学習では児童が興味・関心をもち、意欲的に学習できる内容として、「調理実習」「校外学習」「買い物学習」「制作」等の生活課題を中心とした単元を設定している。年間指導計画の作成においても、実際的・体験的活動を通して豊かな経験ができるように工夫している。生活単元学習の授業時間数は、低学年４時間、中学年５時間、高学年６時間とし、曜日を合わせて２時間続きにすることにより、全学年が合同で学習できるように設定している。

写真１　徳島県立池田支援学校

2．単元の概要

（1）単元名　「カレーパーティーをしよう」

（2）単元目標

①パーティーについて知ることができる。

②自分がしたい係を選択することができる。

③ヒントを手がかりに、招待状を作ることができる。

④教員と一緒に、エプロン等の装着、手洗い・消毒等をすることができる。

⑤調理に必要な材料や道具を、手順書を手がかりに用意することができる。

⑥安全に調理器具を使用することができる。

⑦手順書、教員の言葉かけやヒントを手がかり

図１　高学年週時程表

に、調理に取り組むことができる。
⑧「ありがとう」「どうぞ」と言ったり、拍手や身ぶりによって表現をしたりして相手に気持ちを伝えることができる。
⑨教員や友達と協力して調理活動をすることができる。
⑩自分の係の役割を果たすことができる。
⑪役割分担をして、友達と協力して作り上げることができる。
⑫約束やルールを守ってパーティーを楽しむことができる。

（3）児童の実態

　本学級は4年生1名、5年生2名、6年生4名の計7名で構成されている。自閉症の児童が大半であるため部分的に構造化を図り、個々に理解できる形態での個別のスケジュールや手順書等を用いて学習に取り組むことにしている。集団活動の授業は学級での生活単元学習、他学級と合同の体育、音楽、パワーアップ（体力づくり）、小学部全体での生活単元学習、学部集会である。授業においては視覚支援を工夫して順番や一人一人の役割をつくり、活動できる場面を多く設定している。意図的に設定した集団での活動場面以外では、個々に活動する場面が多く、各自で好きな遊びをする等、教員を介しての関わりが多い。友達を意識した遊びを学習する中で、他の児童に関心を示し関わりをもとうとしたり、声をかけたりする場面が増えてきた。

（4）題材について

　本学級では、みんなで話し合い、年間を通して畑（にこにこ農園）で好きな野菜を作って調理をしようと考えた（**写真2**）。調理活動は自分たちで調理をして食べるといった明確な目的があり、児童たちにとっても興味・関心のある楽しい活動である。本学級の7名とも食べる活動には関心が高く、生き生きとした表情で取り組むことができる。また、教科学習等で身につけた力を実際的な場面（調理）に生かせる学習でもある。一人で一つのメニューを作り上げることや友達と協力して一つの料理を作り上げる等、幅広く展開することができる学習である。一連の流れを一人ですることにより達成感や自己有能感を感じることができたり、工程を分担して行ったりした場合には、友達と協力する態度や友達の姿を見て刺激を受け合うことができる。

写真2 にこにこ農園と野菜の苗植え

　また、事前に教員間で個々の児童の学習の進捗状況や学習目標を共有することで、調理過程での作業を考えやすかった。4月から児童と一緒に話し合って計画を立てた「カレーパーティー」においては児童自らが、日頃お世話になっている児童施設の職員の方や身近な先生を招待して自分たちが一生懸命作った料理を振る舞いたいとの思いから意欲的に取り組めた活動である。普段授業の様子を見る機会の少ない教員や児童施設の職員の方と交流を深めることもでき、貴重な時間にもなった。

1　小学部・中学部の事例②

（5）指導上の留意事項

　本学級の児童は、同じことを繰り返しながら学ぶ児童、学習内容を替えながら様々なパターンを身につけていく児童等、障がいの特性や実態が様々である。そのため、活動の中で役割を交代したり共有したりする場面を意図的に設定した。個々の児童が目標を理解し、目標に向かって意欲的に取り組めるように、カレンダーに「カレーパーティー」の提示をした。当日を楽しみに準備を行い、見通しをもつことができた。

　調理学習を行う上で、個々の児童が使いやすい教材教具（視覚的に理解しやすい手順書や自助具）を設定し、事前学習を行うときにはパワーポイントを使って学習の内容や一人一人の手順を明確にした。また、毎学習の最後にまとめの時間を設定し、フィードバックをした。友達や教員から認め合える機会ができ自信につながったと考えられる。

3．活動の実際

　年度当初に生活単元学習における年間指導計画（図2）を作成した。本学級では「野菜作り」「調理」「ゲーム」「作業的な活動」の4点を中心に取り組んだ。

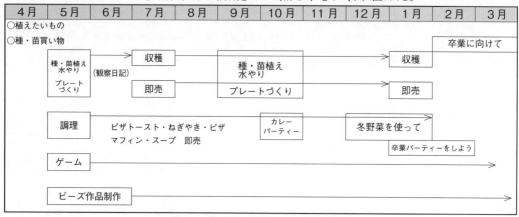

図2　生活単元学習年間指導計画

【単元指導計画】全11時間

●振り返りや今後の予定、メニューを知ろう　（1時間）
○自分たちが育てた野菜を振り返る。 ○何の料理が作れるかを考える。 ○パーティーまでの計画・予定を知る。
●招待状を作ろう　（1時間）
○招待する人を考える。 ○「いつ・どこで・なにをするか」を再度確認する。 ○招待状を渡す練習をする。→招待する人に招待状を手渡す。
●カレーライスを作ってみよう　（6時間）
○必要な道具などを確認し、カレーライスを作る。 ○大人数の食事を準備する練習をする。 ○自分の気持ちや友達のがんばったところを発表する。
◎カレーパーティーをしよう　（2時間（本時））
以下に、まとめる。
●お礼状を作ろう　（1時間）
○パーティーに来てくれた人を思い出す。 ○「お礼の言葉」を考える。 ○お礼状を手渡す。

第2部　実践編

【本時の活動展開】

【A児】	【B児】	【C児】
①炊飯器を取りに行く。 ②ブルーベリーをエジソン箸でカップに入れる。 ③湯が入った水筒に寒天の素、砂糖を入れて振る。 ④牛乳を入れて振る。 ⑤絞り器を絞って、牛乳寒天をカップに入れる。 ⑥牛乳寒天を冷蔵庫に入れる。 ⑦卵切り器でソーセージを切り、ポテトサラダに入れる。 ⑧牛乳寒天を取りに行く。 ⑨片付ける。	①「米を炊く」活動の準備物を用意する。 ②洗米、炊飯をする。 ③「かくし味作り」活動の準備物を用意する。 ④Dと協力しながら「かくし味」を作る。 ⑤Dと交代しながら、はかりを使ってご飯をつぐ。Cに渡す。 ⑥片付け（状況に応じて④と⑤の間にも片付けを行う）。	①「カレールー作り」活動の準備物を用意する。 ②玉ねぎを洗う。切る。 ③他の野菜を切る。 ④IH調理器の準備を教員と一緒に行う。 ⑤鍋で炒める。 ⑥洗いものをする。 ⑦片付けをする。 ⑧カレールーを入れる。 ⑨ご飯を運ぶ。 ⑩カレー皿を運ぶ。
【D児】	【E児】	【F児】
①「野菜を切る」活動の準備物を用意する。 ②ピーラーを使って野菜の皮をむき、材料を切る。 ③Fに渡す。 ④「かくし味作り」活動の準備物を用意する。 ⑤Bと協力しながら「かくし味」を作る。Cに渡す。 ⑥Bと交代しながらはかりを使ってご飯をつぐ。Cに渡す。 ⑦片付け（状況に応じて④と⑤の間にも片付けを行う）。	①「ポテトサラダ作り」活動の準備物を準備する。 ②じゃがいもをレンジに入れる。 ③卵を混ぜる。レンジに入れる。 ④じゃがいも、卵、きゅうり、マヨネーズをボウルに入れる。 ⑤混ぜる。盛りつける。 ⑥「ジュース作り」の準備をする。 ⑦コップの印までシロップとソーダ水を入れ、冷蔵庫に入れる。 ⑧机と椅子を並べる。 ⑨ランチョンマットを敷く。 ⑩調理できたものから配る。	①「カレールー作り」活動の準備物を用意する。 ②野菜の皮をむく。 ③皮をむいた野菜はGに渡す。 ④鍋で炒める。 ⑤鍋に水を入れる。 ⑥自分の机の上を片付ける。 ⑦鍋にカレールーを入れる。 ⑧洗い物をする。 ⑨片付けをする。 ⑩カレールーを盛りつける。
		【G児】
		①準備物を用意する。 ②Fから野菜を受け取りフードプロセッサーで切る。 ③切れた野菜をFに渡す。 ④カレールーをフードプロセッサーで切る。 ⑤野菜を炒める（タイマー）。 ⑥ご飯の量を聞く。 ⑦教員と一緒に片付けをする。 ⑧ゲストを招待する。

4．指導上の工夫

（1）単元の見通しがもてる

どんな味のカレーがあるのかを知るために、学級でカレー専門店に行って食べることにした。いろいろな具材と辛さがあることを知り、カレーパーティーに向けてより一層気分が盛り上がった。児童からは満足のいく味付けになるまで何度もカレーを作りたいといった意見が出た。

（2）一人一人に応じた手立て

①手順書

児童が見通しをもち、調理活動に主体的に取り組めるように調理の手順書（**写真3**）を準備し、手順書には文字と写真（**写真4**）を併用して示した。

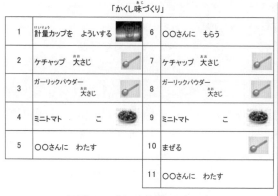

写真3　「かくし味づくり」

②環境面での配慮

活動を2グループに分け、材料等を中央部に置くようにした。作るメニューは替わっても、机の配置、材料置き場の場所は毎時間同じようにセッティングした（**図3**）。

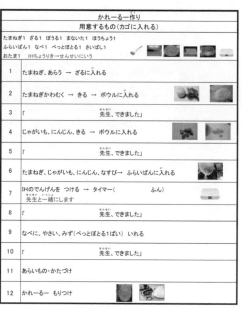

写真4　「カレールーづくり」

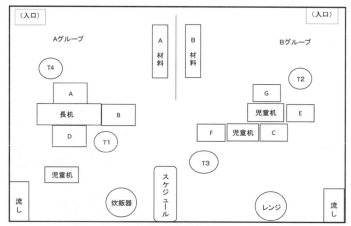

図3　児童の活動場所の配置

③道具の工夫

・自立活動で練習をしているエジソン箸を使用し、デザート作りに取り組んだ。
・ソーセージやブルーベリーを製氷器からカップに1対1対応で入れた。

・透明カップに印を付け、ジュースを入れる量を示した。下線にシロップ、上線にソーダ水を入れ、メロンソーダを作った。

・牛乳寒天作りでは、水筒に湯、粉末寒天、砂糖を入れて振った。
・振るときにこぼれる心配がなく、火を使用しないため安全に調理できた。

・写真やイラスト付きのランチョンマットを使用し、料理を並べる位置を提示した。

（3）達成感・成就感を味わう

　会食に来た先生から「おいしかったよ。」「どうやって作ったの？」と質問されたことに対して嬉しそうに答える表情が見られた。また「私が作ったかくし味で、カレーがおいしくなりました。」などと児童一人一人が自信をもって役割を果たすことができた。学級内の児童や教員だけでなく、身近な人の声を聞いて評価されることは意欲につながっていく大切な学習場面であると考えられる。

5．成果と今後の課題

　本学級の児童は低学年の頃から調理に関する学習を実施してきた。その中で、振り返りの学習を積み重ねるにつれ、友達のがんばっている様子に注目したり、「次の時間は○○をもっとがんばるようにします。」と発表したりすることができた。こうした発表や周りの人の称賛を通して「自分でできることが人の役に立っている」「○○さんのために作りたい」等、人のために働く意欲につながってきたと感じる。

　カレーパーティー後、新しいメニューを考え教員を対象として昼食メニューの注文を行っている。限られた時間の中で、受注数のメニューを作ることは容易ではない。衛生面や調理過程での丁寧さ、注文を受けるときの相手とのやりとり等が新たな目標となっている。一人一人の生活単元学習や各教科の目標が「個別の教育支援計画」や「個別の指導計画」の目標と関連づけていけるようにしていくことが重要であり、将来、子どもたちが自ら考え、「計画－準備－実践－反省」の一連の流れを社会生活で実行していく力をつけることが私たち教員の最大の目標である。

　本校では次年度からキャリア教育の視点に立って教育活動全体で指導を行う予定である。小学部としては新たな取り組みを設定していくのではなく、今までに行ってきた活動を再度キャリア教育の視点で見直して整理し、授業を充実させていきたい。そのためには、学年が上がっていくなかで児童に何が身について、次に何が必要なのかをしっかりと把握し、学部間で連携しながら学習の仕組みを作っていくことが今後の課題である。

1 小学部・中学部の事例③

生活単元学習　食育・バケツ稲作り

東京都立矢口特別支援学校小学部　主任教諭　伊阪　千登世

1．学校の概要と「家庭」の教育課程上の位置づけ

　本校は、都内西南部に位置し、大田区と世田谷区の一部を学区域とする特別支援学校（知的障害）である。257名（小学部80名、中学部73名、高等部104名）の児童生徒が116名（うち教諭・養護教諭107名）の教職員と共に学んでいる（平成26年5月1日現在）。

　「人間性豊かに成長することを願い、児童・生徒の心身の発達に応じて知性、感性、道徳心や体力を育み、調和のとれた発達を図る」ことを教育目標に掲げている。

　本校小学部では「健康で丈夫な身体を作ろう。（元気に）」「身の回りのことが自分でできるようになろう。（自分で）」「人と気持ちを伝え合い、集団生活の中で基本的なルールやマナーを身につけよう。（みんなと）」「自分で考える力を伸ばそう。（学ぼう）」の4点を学部目標としている。「生活単元学習」において「生活科」の「自然」「手伝い・仕事」「役割」「社会の仕組み」などの観点を取り入れた単元設定を行っている。お客さんをもてなすことを目標として、掃除などの準備やお茶・お菓子作りに取り組む活動や、栽培学習と調理活動を組み合わせた食育活動等を行い「家庭」の内容を取り込んでいる。

　本稿では小学部高学年で取り組んだ「バケツ稲作り」の実践について紹介する。

収穫祭（おにぎり作り）

2．単元の概要

（1）単元名

　「バケツ稲を育てよう」（小学部6学年）

（2）単元目標

・植物の生長に興味をもち、期待をもって活動する。

・収穫した米を精米し調理して食べることで、身近な食材に関する知識を深め、生活に必要な技能を身につけ自立への基礎を養う。

（3）児童の実態

　小学部6学年は、3学級（普通学級2＋自閉症学級1）14名（女子2名、男子12名）が在籍し、脳性まひを併せ有する1名以外は、ほとんどの児童が自閉スペクトラム症を有する学年集団である。全員が日常的な場面において、言葉による指示を受け止めることができる。注意を喚起するためや、言語理解の補助として視覚的支援を必要とする児童も多いが、コミュニケーションの力は比較的良好な集団である。

短時間なら学年全員で1名のリーダー教員に注目することができ、2名のサブ教員は注目がそれがちな児童のそばにつきながら児童全体を見渡し、もう2名のサブ教員はリーダーの補佐に回ることも可能である。これにより、バケツ稲の取り組みは学年全体授業を主として行った。導入の20分は一斉指導、準備、活動、片付けはクラスを主体とした4つのグループに各1名の教員がつき、リーダー教員は全体指導を行う形で学習を進めた。

(4) 題材について

　バケツ稲とは、JA全中・JAグループの「バケツ稲作り事務局」が「みんなのよい食プロジェクト」の一環として実施している事業で、インターネットなどで無償の栽培セットと栽培マニュアルを配布している教材である。

　食品の中でもほぼ毎日食べている、最も身近な「ごはん」は、どの児童にとっても興味や関心が高い題材であるといえる。その「ごはん」の原材料である「米」を種籾から育て、収穫・精米し、さらに調理して食べるという、自分たちの生活を自らの手で作り上げるともいえる体験を通して、身近な自然や産業（農業）に触れ、自立的な生活に必要な事柄を実際的・総合的に学習できる題材であると考えて本単元を設定した。

(5) 指導上の留意点

　栽培は活動の間隔が長く、見通しがもちづらい活動である。繰り返し学ぶことで見通しを確かなものにするため、本学年は4年次より3年間バケツ稲作りに取り組んだ。4年、5年時は持ち運びが容易な2リットルのペットボトルで稲を育て、教室内に持ち帰って観察したり、夏季休業中に家庭に持ち帰って観察できるようにした。また、目に触れやすいような場所にバケツ稲を置き、日常的に観察するよう促した。生長の過程を記録した写真を貼った栽培カレンダー等の視覚教材を用いて、前後の活動のつながりを意識できるように配慮した。

土づくり

ペットボトルで実った稲穂

収穫の喜び

1　小学部・中学部の事例③

3．活動の実際　「バケツ稲を作ろう」単元計画

	学習内容（時間数）	指導の手立て・工夫	準備物等／備考
5月初旬	・JA東京中央矢口支店でバケツ稲キットを受け取る　　（1）	・行先を写真で確認し学年全員で出かけ、各クラス代表者が受け取った。学校に戻り次第各クラスに配布し、どんな内容か児童と確認した。	・4月中旬までに電話で注文しておく。
	・芽だし　　　　　　（1）	・キットから取り出した種籾を容器（お弁当カップ）に入れ、浮かない程度の水を入れて暗い所に保管、観察日記を書いた。	・お弁当カップ人数分、バット ・観察用紙
	・種まき　　　　　　（1）	・洗面器で土と水を混ぜて泥を作り、180mlの牛乳パックに入れて発芽した種もみを2～3個、指で穴をあけて埋めた。細かい作業なので手元を見るよう促し、泥の柔らかさに配慮した。	・給食の牛乳パックを洗ってとっておく（1人2～3個）、プラカップ
	・土の準備 　　　　　　　　　（2）	・黒土3：赤玉2：鹿沼土1をたらいにふるい入れて混ぜ、新聞紙に広げて干す。安全で触れ心地の良い土なので、手でたくさん触れて感触を味わうよう支援した。	・バケツ、ふるい、シャベル、ビニールシート、古新聞
6月	・田植え 　　　　　　　　　（2）	・バケツの中で土と水を混ぜて泥を作り、牛乳パックから取り出した苗を中心部に植える。シャベル、プラカップまたは、先端を斜めに切った500mlのペットボトルを使って泥をよく混ぜ、感触を味わえるよう支援した。	・バケツ、土、シャベル、プラスチックカップ ・苗
	・水やり、観察	・バケツは校庭への出入り口に近い場所に置き、成長の様子に注目するよう促し、水の補充や観察を日常的に行った。観察ノートは各クラスに置き、変化に気づいたら臨機応変に記入できるようにした。	・観察ノート ・ホースによる注水
7月	（かかし作り） 《図画工作》　（2） ・かかしの設置 ・中干し	・図工で制作したペットボトル製の風車をかかし代わりに設置。自分たちが食べるお米を雀も餌にしようと狙っていることに気づかせ、それを避ける対策であることを知らせた。 ・稲の草丈が40～50cmになった頃にいったん水を抜いて2～5日乾燥させる。夏季プール期間中の休み時間に児童と行った。	・《風車》 500mlペットボトル、アルミテープ、ワイヤーハンガー、支柱

第2部 実践編

	学習内容（時間数）	指導の手立て・工夫	準備物等／備考
8月	（夏季休業中の管理）	・枯れさせないよう、教員が輪番で行った。 ・穂が出たら（開花15日前後）教員が写真撮影をし、2学期に児童に見せた。 （・鳥よけネット設置）	・カメラ ・防鳥ネット
9月	・観察、落水 （稲の写生） 《図画工作》 （2）	・穂が出て1カ月程度後（収穫予定日の10日ほど前）に休み時間に水抜き（落水）を児童と行った。 ・観察を兼ねて、屋外でバケツ稲の写生をした。ほぼ実物大に描けるよう、80cm×40cmの板段ボールを用意した。	・観察ノート ・板段ボール、クレヨン、水彩絵の具
10月	・稲刈り （2）	・はさみで稲を刈り取り、バケツ2つ分（2束）の根元をひもでくくる。 ・ハンガーラックを「はぜ」の代わりにして、稲をさかさまに吊るし、10日間ほど乾燥させる。雀避けのためネットで覆った。 ・稲を一束教室に持ち帰り、穂を観察した。	・はさみ、20cm位に切ったひも、ハンガーラック ・防鳥ネット ・観察ノート
11月	・脱穀 ・籾摺り ・精米 （3）	・伏せたお椀の下に稲穂を入れてお椀を押さえながら稲を引き抜く。または、穴をあけたペットボトルのふたに稲穂を差し、穂を下にしてボトルに差し入れてふたを閉め、稲を引き抜く。 ・すり鉢に籾を入れ、軟式野球ボールでこすり、籾殻をとる。とれた籾殻は息を吹きかけて吹き飛ばす。（籾摺り） ・籾殻をとった玄米をガラス瓶に入れて太めの棒でつき、ぬかをとる。（精米）	・古新聞、お椀、500mlペットボトル（キャップに穴を開けたもの） ・すり鉢、軟式野球ボール ・ガラス瓶、棒
	・収穫祭 （おにぎり作り） （2）	・各クラスで精米した米を持ち寄り、それだけでは量が少ないので市販の米と混ぜてご飯を炊き、おにぎりとみそ汁を作って味わった。	・炊飯器 塩、海苔、食器、調理器具など
12月	（正月飾り作り） 《図画工作》 （6）	・わらで縄を綯って輪飾りを作り、折り紙の扇や原毛で作った羊の飾りをつけて正月飾りを作った。収穫した分だけでは少ないので、農家から分けてもらった稲わらも使用した。	

1 小学部・中学部の事例③

4．指導上の工夫

　授業を進めるうえで「児童が主体的に活動できているか」という観点を、常に大切にしてきた。そのために、見通しをもつ力を育てる手立てとして以下の点を工夫した。

◆**授業のテーマソングを設定し、授業の始まりを意識できるようにする**

　「小さな畑」という遊び歌の替え歌「ちいさな田んぼ」をバケツ稲作りのテーマソングにして、活動の始まりに必ず歌うようにした。振り付けも覚えやすく、最後の「ドサッ！」の部分は豊作への願いを込めて、大きな声と大きな動作で行うよう指導した。3年間繰り返したこともあり、6年で行った文化祭の劇中に登場する米作りのシーンでも、児童が積極的にこの歌を歌おうと提案するほど定着した。

♪ちいさな田んぼ♪

ちいさな田んぼをたがやして、
ちいさなもみをうえました。
どんどんそだって　あきがきて
たくさんおこめができました。
ドサッ！♪

◆**他の教科と連動させ、理解を深められるようにする**

　「もみ」「いね」「なえ」「たうえ」「いねかり」「わら」など、田畑がほとんどない地域では日常耳慣れない言葉が多く出てくるため、プリント教材を作成して国語の授業で学習した。かかしづくりや観察（写生）、稲わらを使った正月飾り作りなどを図工の授業で行い、害鳥の存在や稲という素材をより身近に感じられるよう工夫した。

◆**準備・片付けも子どもたちで行う**

風車をたくさんつけて鳥害対策

　米作り3年目の6年生ともなると、体力・集中力もついてきているため、重い土運びやバケツ稲の移動なども児童の手で行わせるようにした。手にしたバケツの重さや、水をこぼさないように運ぶ大変さを味わうことで農作業の苦労の一端を実感できた様子だった。夏季休業中（8月）の水の管理は難しかったが、学期中の水やりは、教員がやっている姿を見せると、昼休みに校庭で遊ぶついでなどに複数の児童が自発的に行うようになってきた。加減の調整などは教員が指示する必要があった。

　また、1回の授業で終わらなかった分の脱穀や籾摺りは、教室に常に道具を置いておく

稲の写生

正月飾り

脱穀

ことで休み時間に自主的に取り組む児童が何名か現れ、得意な作業を分担して行う様子もみられた。

5．成果と今後の課題

（1）実践を通して感じた児童の変化

　高学年の3年間を通して稲作りに取り組んだことで「自分たちで育てた作物を食べることの喜び」を土台にした活動への見通しが確かなものになり、学年全体で行う授業への集中力が高まったことを感じる。苗を作る段階で、給食で出される180mlの牛乳パックを洗ってとっておくことを覚えていて、牛乳パックを見ると「お米？」と聞いてくる児童や、全体を通して活動量の多い「脱穀」「籾摺り」「精米」の活動への集中力の高まりなど、比較的重度の児童においても活動に積極的に参加できる場面が増え、活動の定着を実感した。また「精米」の手間の多さを肌で感じた児童には、籾摺りの段階で籾殻とともに飛ばされて床に落ちた米を丁寧に拾い集めるなど、食べ物を大事にする姿勢の育ちがみられた。

（2）家庭との連携、生活への還元においての工夫と課題

　4年、5年では2リットルのペットボトルで稲作りを行ったため、夏季休業中に家庭への持ち帰りを希望し、家族とともに観察する児童も複数いた。開花の様子を写真に撮り、休み明けにクラスのみんなに見せてくれるなどの協力も得られた。

　3年生まではサツマイモ作りを行った収穫後の芋づるでリースを作っていたが、稲作を始めた4年生からは稲わらを使って正月飾りを作り、日本の伝統文化の一端に触れることができた。

　作品を家庭に持ち帰って飾り、家族で話題にすることで児童にも作った喜び（活動の結果への自信）がフィードバックされると考える。作品を大事にする家庭では、年々捨てられずに作品がたまってしまうことが課題と考え、「どんどやき」のような機会を設けて罪悪感なく作品を処分できる方法を示す必要があると感じている。

（3）実践を振り返って

　地域のJA東京中央矢口支店は直売所があるようなタイプではなく、周辺には農家もないので技術指導の連携を求めることは困難であるが、バケツ稲作りの窓口となってもらうことは継続して働きかけ、地域との連携をさらに深めていきたい。

　稲わらという素材も古くから日本人の生活に密着したもので、様々な活用方法がある。協力して長縄を編むなどの実践にも取り組んでいきたい。地域には門松を作る町鳶の家があるので、なわ飾りの技術などで連携が取れれば、より豊かな実践を展開できると考える。

1 小学部・中学部の事例④

朝食づくりにチャレンジ！
～3年間の食物学習の取り組み～

三重県立くわな特別支援学校中学部　教諭　**国分 美恵子**

1．学校の概要と「家庭」の教育課程上の位置づけ

　本校は、知的障がいのある小学部から高等部の児童生徒が通う桑員地域初の特別支援学校として平成24年4月に開校した。「地域で学び　地域と関わり　地域で活躍する子ども」を育てるため、「くわなキャリアプラン」（くわな特別支援学校キャリア教育全体計画）を中心に据えた小中高一貫した教育課程で教育を進めている。「くわなキャリアプラン」とは、開校以来課題であったキャリア教育について全校職員で話し合い策定したもので、具体的な取り組みを系統化し、日々の実践の中に取り入れている。

　小学部では、主に生活単元学習において家庭科の内容を取り扱っており、簡単な調理実習や自分たちの教室の清掃などに取り組んでいる。

　中学部は、「一人でできることを増やす」ことを目標とし、支援者と一緒に活動し自立活動的な内容中心のA課程と、教科学習中心のB課程という2つの教育課程を置いている。それぞれの課程は別々に授業を行うのではなく、一緒に授業をする中でそれぞれのねらいを個別に設定している。家庭科の授業は、週1回2単位をA課程は主に「生活単元学習」として、B課程は「職業・家庭科」として、日常生活に関わる体験・経験を増やすことを主眼に置いた実習を中心に各学年別に取り組んでいる。調理・食物学習以外には、自分たちが使う教室や廊下、トイレ等の清掃に取り組んだり、自分や家庭、学校で使うもの（バッグ、エプロン・マスク、カーテン等）の製作に取り組んだりしている。授業は学年単位で行っているが、3学年とも同じ時間帯にあるため、調理実習ができる家庭科室の使用を学期ごとに振り分けている。

　高等部では、社会生活自立コースと職業生活自立コースを置いている。社会生活自立コースは、週1時間1単位の「家庭科」の授業があり、職業生活自立コースは、週1.5時間1.5単位の「家庭科」の時間がある。どちらのコースも「ひとりでできるようになること」を目標に実習中心の授業を行っている。

2．単元の概要

（1）単元名
　「地場産物を使った朝食メニュー作り」（中学部3年生）

（2）単元目標
　・調理に関心をもち、調理実習に積極的に参加する。
　・食物の産地や特徴を知り、1食分が意識できるようになる。

・調理用具を安全に使うことができる。

（3）生徒の実態

　開校と同時に中学部に入学してきた生徒は男子5名、女子3名で、うち5名が自閉的傾向を併せ有している。全員重度な知的障がいで、発語はあるが言葉にはならない生徒、言葉はあるが会話は成立しない生徒、単語で要求を表す生徒と様々である。3年時に自閉的傾向を併せ有する中度知的障がいの男子生徒が転入し9名となった。生徒たちは全体的にこちらから指示することや日常的なことは言葉でも分かるが、授業の内容や手順は写真や見本を示したり、実際にやって見せたりすることで理解できることが多い。食に関する興味は強く、順番を待ったり、みんなの分が出来上がるまで待ったりすることができる。

　通常、給食や朝・帰りの会等日常の生活は2つのグループで分かれて行っているが、家庭科、美術、学年体育の授業、校外学習や修学旅行等の取り組みは学年単位で行っている。生徒同士自ら会話することは少ないが、欠席すると心配したり、行動が遅いと誘いにいったりとお互いつながりができてきている。

（4）題材について

　1年時は、おにぎり、ウインナー炒め、目玉焼き、ホットケーキ等、使う食材が限られ手順が少ない基本的な調理を実習した。2年時は、いくつかの食材を使って1品を作る実習（やきそば、お好み焼き、チヂミ等）と日常よく食べる食品を原料から作る実習（パン、ピザ生地を小麦粉から作る等）を行った。地域の製麺業者に来てもらって粉からうどんを作る実習もした。

　3年時は2～3品を組み合わせ1食分の献立になるような実習をと考えていたところ、三重県教育委員会主催の朝食メニューコンクールがあり、「地場産物を使った、自分で作れる朝食1食分のメニュー」を募集していることを知った。最終的にはそれに応募するという目標をもち、朝食1食分になるような献立の調理実習を積み重ねていくことにした。朝食にはパンを好み、よく食べるという生徒が多かったため、パンを中心に主食、主菜、汁物またはデザート等になるような献立を考えた。その中から1品ずつ選んで1食分に組み合わせ、応募することにした。「地場産物」については、「桑名で有名なのは、蛤と時雨」は知っていたが、それ以外は難しかったので、給食の献立表も使いながら近郊で採れる野菜や海産物等を学習した。

（5）指導上の留意事項

　3年間を通して、実習メニューを考えるときに気をつけたことは、体験・経験を増やすために様々な調理用具・器具を使うこと、少しずつ変化させながら同じような手順で作れるメニューを繰り返し学習することである。例えば、調理器具・用具については、包丁、ピーラーは全員体験し、ポットや電子レンジ等よく使うものだけでなく、蒸し器、ホームベーカリーやホットサンドメーカー等も使用したり、メニューについては、野菜たっぷりのコンソメスープの次は、具を変えカレー粉を入れてカレースープ、またトマトを入れてトマトスープにするなどした。

　3年時の実習では、生徒の実態に応じて役割を分担したが、それぞれが様々な経験をし

1 小学部・中学部の事例④

ながら技能が高められるよう配慮した。また仕上げや味付けは、教員によるアドバイスはするが、最終的には担当した生徒に任せた。試食時に責任をもって作ったことを褒め合い、味の工夫が足りないときには次に生かせるようなアドバイスをした。片付けについては、ほぼ固定的な分業をする形で早くきれいに正確に片付けることをめざした。

3．活動の実際

教　科	職業・家庭科	単　元	朝食メニュー作り
授業者	MT 国分、ST 3人	教　室	家庭科室
題　材	調理実習（フレンチトースト、トマトスープ、豆乳緑茶プリン）		
＊くわな7の目標	・自分の課題に対して責任をもち最後まで取り組もうとする。 ・集団行動や社会生活に必要なきまりを守って行動する。		
本時のねらい	（A課程） ・教員と一緒に安全に気をつけて順番や方法を守って実習できる。 ・実習に興味・関心をもち、食に関する経験を増やす。 （B課程） ・安全に気をつけて一人で調理用具を正しく使うことができる。 ・実習に意欲的に参加し、分担された役割を果たす。 ・食物や調理に興味・関心をもち、一食分を意識できる。		

＊「くわな7」とは、くわなキャリアプランの一つで、各段階において取り組んでいくべき具体的なねらいを示したもの

（1）実習時の本時の指導の一例

時　間	学習活動	指導上の留意点
10：05	・あいさつ ・メニューと作り方、分担を聞く	・あいさつの前に手洗い・消毒し、エプロン、マスク、三角巾をつけさせる。 ・前に作り方を図示し、出来上がり写真を貼り、材料や用具の実物を見せながら説明する。
10：20	・分かれて作業する ○フレンチトースト（3人） ①卵、牛乳、砂糖をかき混ぜる。 ②食パンを1/4ずつに切る ③食パンを卵液につける。 ④フライパンで焼く ⑤梅ジャムを添えて盛りつける。 ○トマトスープ（3人） ①じゃがいも、玉ねぎ、ニンジンの皮をむいて小さく切る。	・MT、STもそれぞれ分かれて支援する。 ・ボールで混ぜてからバットに移すように言葉かけをする。 ・包丁は教員と一緒に使う。 ・卵液につけこむ間に皿やお盆の用意をさせる。 ・1回目は焼き方、焼き加減は説明するが、それ以降は生徒に任せ、見守る。 ・コンソメスープを作ったときの皮のむき方、切り方等を思い出させる。

	②ベーコン、トマトも小さく切る。 ③ベーコンと①を炒めてからコンソメで煮る。 ④トマトを入れ、塩コショウ等で味付けする。 ○豆乳緑茶プリン（3人） ①緑茶を作る ②ゼラチン、砂糖を順に混ぜて溶かす。 ③豆乳、牛乳を入れる。 ④容器に分けて冷蔵庫で冷やす。	・ピーラー、包丁の使い方はやって見せる。大きさについても見本を示す。 ・火の扱いには十分に注意をする。 ・煮ている間に、用具等の片付けをさせる。 ・調味料の種類や味を説明する。一緒に味付けしていくが、最終的には生徒が決められるようにする。 ・あらかじめお湯を沸かしておく。 ・急須でお茶を入れさせる。熱湯に注意させる。 ・冷やしている間に、他のグループの片付けの手伝いや試食場所のセッティングについてどうするか問いかける。
11：10	・盛り付け、準備 　できたものを持ち寄り、食べる準備をする。	・用具はできる限り食べる前に片付けるよう支援する。
11：15	・試食する	・そろって食べ始め、がんばったことや試食の感想を問いかける。
11：40	・片付け	・洗い・すすぎ、拭き・しまう、掃き掃除・ごみ捨てに分かれて片付けを考えるよう言葉かけをする。
12：00	・おわりのあいさつ	・がんばったことを評価し、次時の予告をする。

（2）評価の観点
○A課程
・包丁やコンロ、ポット等教員と一緒に怖がらず安全に使うことができたか。
・自分の順番がくるのを楽しみに、友達がやっているのを見ることができたか。
・袋を開けたり、材料を入れたり、かき混ぜたりする活動等に積極的に取り組むことができたか。
・皿やフォーク、作ったもの等を教員と一緒に清潔にまた安全に運ぶことができたか。

○B課程
・包丁、ピーラー、コンロ、熱湯等の正しい使い方を知り、安全に気をつけて使うことができたか。
・任された仕事に責任をもって最後まで取り組むことができたか。
・分からないことは教員に聞いたり、手伝ってもらったりすることができたか。
・食品や1食分を意識したメニューに興味をもつことができたか。

（3）例以外に実習したメニュー
・ソーセージマフィン、きゅうりの昆布漬け、コーンスープ

- イングリッシュマフィン、ツナサラダ、キウイヨーグルト
- ホットドッグ、コンソメスープ、豆乳緑茶プリン
- ホットサンド、カレースープ、梅ジャム入りヨーグルト
- サラダうどん、杏仁豆腐
- ぞうすい、マンゴープリン、中華サラダ
- しぐれごはん、あおさのみそ汁、卵焼き

（4）コンクール応募にあたって

　2人の生徒にそれぞれ今まで実習したものの写真を見せ、その中の主食から1つ、スープ類から1つ、サラダやデザート類から1～2つ選択させて1食分になるようにメニューを決めた。そして最後の調理実習時に2グループがそれぞれそのメニューに取り組んだ。コンクールは書類審査ではあるが、「自分で作れる」ことが必要なので、応募する2人は特別に時間を使って、すべての作り方を確認し、もう一度1人で作ることを指導した。

――― 2人が作って応募したもの ―――

- ホットドッグ
- あさり入りカレースープ
- ツナサラダ
- 豆乳伊勢茶プリン

- 梅ジャムつき豆乳フレンチトースト
- ツナサラダ
- コーンスープ
- フルーツヨーグルト

4．指導上の工夫

- 材料が違っても手順が同じような料理を組み合わせることで、生徒たちにとっても同じ作業の積み重ねとなり、メニューにバリエーションをもたせることもできた。
- 出来上がり写真は、一品ずつインターネットで写真を探し、なるべく大きく印刷して貼り、出来上がりへの期待感を高め、見通しをもたせた。
- テーブルごとにメニューを分け、自分の作業に集中できるよう出来上がるまでそのテーブルで作業した。
- もっと食べたい、もっと作りたいという意欲につなげるため、1食分のメニューで実習するが、量は半分ほどにした。

5．成果と今後の課題

（1）実践を通しての生徒の変化

　応募した2人は、残念ながら一次審査で選考に漏れたが、1人で1食分作ることができるようになり、自信になった。他の生徒たちも実習の回を重ねるごとに意欲が高まり、見通しがもてるようになってきて、説明するよりも早く作りたがるようになった。また、「み

んなが別々のことをしているけれど、最後にはひとつに仕上がる」という経験を積み、他の子においしいと褒められ、認められたうれしさにより自信がつき、無意識的に学年集団のつながりが強くなったと感じられる。

片付けは、ほぼ固定的な分業だったので、繰り返し取り組むことで自分の役割を自覚し、徐々に指示がなくても自分たちで動けるようになってきた。それは日常の給食の片付けにもつながり、一番最後まで食べていた友達が片付けに立ち上がると、それぞれくつろいでいたのに、自然に集まってきて会話せずとも食缶や食器かごを片付け、机の上を拭いている姿が見られるまでになった。

（2）家庭との連携、課題

家庭には日常使っている連絡帳で、したこと、できたことを報告した。「洗い物ができました」と連絡すると、「家でもやってもらいました」という報告があった。もう少し詳細な報告やレシピ等をつけると家庭でも実践してもらいやすかったかもしれない。

課題としては、役割分担がうまくいかないメニューもあり、「待つ」時間が多くなったことがあった。メニューを組み合わせるときに、仕事量も考慮に入れなければいけないと感じた。そして高等部の作業（パンの製造・販売をしている班がある）につなげていくには、衛生面へ配慮、意識づけの指導がかなり不足していると感じている。

（3）今回の実践を振り返って

刃物や火気の取り扱いについては安全が第一だが、支援を減らして一人でできるようにさせたい、火加減や味付け等、失敗させてそこから学ばせたいと思うが、みんなが食べられなければ困るといった支援者側の葛藤があった。どの段階でどのように声をかけるのか、「失敗」に終わらせるのではなく、次に生かせるようにするにはどう支援したらよいか迷うところがあった。

便利な道具があり、すぐに食べられるものも売っている。わざわざ刃物や火気等危険なものを使わなくても、食事が整えられる便利な世の中になってきた。そんな世の中だからこそあえて原点に立ち戻り、畑で野菜を育て収穫し調理しておいしくいただいたり、普段口にしている食物を自分たちで原料から作ったり、時間をかけてみんなが喜ぶデザートを作ったり、もっともっと「食」を楽しむ経験をこれからも子どもたちと一緒にしていきたい。

1 小学部・中学部の事例⑤

栄養士とコラボで学ぶ食生活

滋賀県立北大津養護学校中学部　教諭　尾木 直子

1．学校の概要と「家庭」の教育課程上の位置づけ

　本校は、滋賀県大津市北部にあり養護学校義務制の年に開校している。小学部から高等部まで全校児童生徒172名の知肢併置校で、中学部には48名の生徒が在籍している（平成26年度）。中学部では、「人格面の発達を大切にする」「思春期に配慮したからだと自分づくりを支える」「今までにつけてきた力を発揮し、発展させる取り組みを行う」ことを目標に日々の取り組みを行っている。

　中学部第3学年では、週1回「職業・家庭」の時間を設定し、ミシンを使った裁縫や木工などの道具等を使った製作、組みひもやかご編み、刺繍など指先を使った製作、調理などに取り組んでいる。

2．単元の概要

（1）単元名
　「バランスのいいみそ汁作り」　中学部3年生6名

（2）単元目標
・栄養素についての正しい知識を身につける
・栄養バランスを考えて、みそ汁の具材を選ぶことができる
・自分たちでみそ汁を作ることができる

（3）生徒の実態

　中学部3年生6名の集団である。地域の小学校の特別支援学級や通常の学級を経て、6年生で転入してきた生徒が1名、中学部より入学した生徒が4名、今年度3年生より転入してきた生徒が1名である。学力的には大きな幅があり、小学校低学年程度の学力の生徒から小学校高学年程度の読み書きが可能な生徒までいる。

　基本的には、言葉でのやりとりで物事を理解してすすめていく力を持ち合わせているが、初めてのことや苦手なことに対しての不安が強く「できない」と自分で決めつけて学習に参加できなかったり、集団での活動そのものが苦手で、自分のペースで物事がすすまないとイライラをためてしまい暴言を吐いたり教室から出て行ったりする生徒もおり、きめ細かな支援が必要な生徒が大半である。

　また、手指を使った活動は、得意な生徒から苦手な生徒まで様々であり、苦手な生徒については、線どおりにはさみで切ること、針に糸を通すことも難しい。障害の特性から集中力が長続きしにくい生徒や、何を作っても作品に愛着をもてず、すぐに捨ててしまおう

とする生徒もおり、取り組ませ方、モチベーションのもたせ方等には工夫が必要である。さらに、衝動的な行動に出る生徒もおり、調理器具や工具等の扱いには安全面での配慮がいる。

(4) 題材について

　給食の牛乳を飲みながら「牛乳は体にいいんやって。」、野菜を残そうとする友達に「野菜は体にとって大切やし、残したらあかんで。」など、日々の学校生活の中で、生徒同士が声をかけあっている。しかし、「どう体にいいの？」「どう大切なの？」と、ちょっとつっこんで問いかけると、知識が豊富でスラスラ答えられる生徒が1人いるものの、大半は「えっと……。」と口ごもってしまう。テレビやインターネットから流れてくる「ビタミン」「カルシウム」などの単語は知っていても、その意味や内容まではよく知らないのが現状である。

　ならば少し系統だてて学んでみよう、というのが学習の始まりである。栄養素の名称と働きを整理して学び、さらにバランスのよい献立を考え、実際に自分たちでそのメニューを作ってみようと考えた。生徒の実態から、主菜副菜など1食分の食事の献立をたてて作るのは難しい。調理が簡単で、かつ、いろいろな具材を入れてもよいもの、として選んだのが「みそ汁」であった。「みそ汁」であれば、身近で家でのお手伝いにも有用で、覚えておいて損はない。せっかくなら1人で作れる料理の第一歩にもなってほしい。そこで、カツオでだしを取るような本格的なみそ汁ではなく、粉末のだしを利用する「できるだけ簡単な」みそ汁作りをめざした。

(5) 指導上の留意点

　まずは、知識としての「栄養素」の学習。前述のように、知識が豊富で時々こちらが舌を巻くような質問をしてくる生徒がいる。基本事項を整理して理解することを大切にしつつも、生徒の知的好奇心も満たしたい。そう考え、専門家である本校の栄養士に授業に入っていただくことにした。実際「アミノ酸って何？」「オルチニンはどんな働きがあるの？」などの高度な質問に、一つ一つ答えていただくことができた。

　それ以降、この単元のすべての学習で栄養士とコラボすることとなり、食材カードを栄養表に貼り付ける活動や、みそ汁の具材を考える活動等で、その都度より専門的な視点でアドバイスをもらった。

　また、自分が考えたみそ汁に愛着をもてるよう「おすすめポイント」を書く欄をもうけ、「マイみそ汁」を一人一人がプレゼンすることとした。そのプレゼンのあと、作ってみたい・食べてみたいみそ汁を投票で選び、それを全員で作ることとした。

　投票でみそ汁が選ばれた生徒は、事前に指導者と一緒に作り方を調べ、調理実習のときに作り方を皆の前で発表し、「先生に教えてもらって作るみそ汁」ではなく「自分たちで作るみそ汁」という意識がもてるような工夫もした。

1 小学部・中学部の事例⑤

3．活動の実際

○1回目　「栄養素」を知ろう

★栄養素の名前や働きを学びながら、栄養素カードを表に貼る。

- 表には、事前に「血や肉・骨をつくる」「体の調子を整える」「力や体温・エネルギーになる」のみ書き込んでおく。
- 生徒の発言を拾いながら、栄養素カードを作成する。
- ビタミンやたんぱく質だけでなく、「クエン酸」「オルチニン」などテレビ等で知っているサプリメントの名前など、実にバラエティ豊かに名称が出てきた。
- それぞれの働きを栄養士にコメントしてもらいながら表に貼っていった（写真1）。

写真1　栄養素カードを貼る

★食材カードを貼る。

- 牛乳や野菜類の写真カードを栄養士に借りて使用した。その他にも、白紙のカードに生徒たちが様々な食材の名前を書き込み、表に貼っていった。
- 自信がないと机から動けない生徒には、栄養士に声をかけてもらい、正解を確認した上で、カードを貼れるようにした。

★その日の給食メニューの栄養バランスを調べ、自分のプリントに書き込む（図1）。

- 黒板にある栄養表を参考にしながら、その日の給食メニューを食材ごとに分けていく。
- 本校の献立表は、中に入っている具材も丁寧に書いてあるので、分かりやすい。右上のカエルのイラストが1食分の献立表。
- 分からない食材について、栄養士にこっそり聞きに行く生徒もいた。
- この学習の結果、給食の献立は3つの働きの表すべてに食材があり、バランスよく考えられていることに気づくことができた。

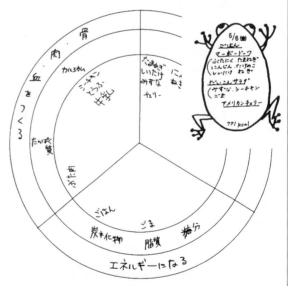

図1　生徒が書き込んだプリントと献立表

○2回目　「栄養バランスのいいみそ汁を考えよう」

★栄養表を見ながら、バランスのいいみそ汁の具材を考える。

- 普段食べているみそ汁の具を思い出したところ、「わかめ」「とうふ」「ふ」「おあげ（油

あげ）」「大根」など、たくさん出てきた。前回の授業で作成した表におおよその食材の名前があがっていたので、スムーズに分けることができた。
- 「おすすめポイント」を書く欄をもうけることで、それぞれがシェフ気分で具材を選ぶことができた。「栄養満点」「体にやさしいみそ汁」などと、自分なりに工夫した点を書き込む姿があった。
- 中には「近江牛と高麗ニンジンを使った最高級みそスープ」を考えた生徒もいた。具材は「近江牛、赤こんにゃく」などの滋賀の名物に、「高麗ニンジン」「最高級きたあかり（じゃがいも）」を入れ、八丁味噌と白みそであえる、という手の込みようで、授業を大いにわかせた。

★それぞれの考えたみそ汁を発表する（写真２）。
- １人ずつ自分のみそ汁をプレゼン。人前で話すこと、自分の意見を伝えることに苦手意識をもつ生徒が多いので、今年度は様々な学習の中で「発表する」機会をもうけており、このプレゼンもよい機会であった。
- 自分が書いたこと以上におもしろおかしく発表できる生徒から、書いたことを読むだけで精一杯の生徒、それすら難しくて教室から出ていく生徒と実態は様々である。読むだけで精いっぱいの生徒も、中１のときには皆の前に出ることすら難しかったことを思えば、３年間の積み上げを感じられる時間でもあった。

写真２　選ばれた生徒のみそ汁の栄養表

★次回調理するみそ汁を決める。
- 全員分の発表を聞いた後、おいしそうだなあと思ったみそ汁、作ってみたいと思ったみそ汁はどれかを話し合い、投票で決定した。
- 今回は「おあげ」「わかめ」「じゃがいも」「ふ」の入ったオーソドックスなみそ汁が選ばれた。前述の「最高級みそスープ」は「そんなん予算オーバーちゃう？」という生徒たちの言葉で却下された。

○３回目　調理実習
★選ばれた生徒が作り方を発表し、役割分担をしながら作る。
- 障害の特性もあり「ぼくは作りません」と決めこみ、最初部屋に入れない生徒もいたが、本人と話をし、後片付けや配膳を担当することで入室することができた。
- 「じゃがいもの大きさはこれくらい」などあらかじめ見本を作っておくことで、自分たちで切り方を工夫して切ることができていた。
- 味見係がなぜか多く、みんなで味見をして、おいしく完成！

４．指導上の工夫

実は、今回の栄養士とのコラボには、前年度にさかのぼっての取り組みが大きく関係している。その取り組みは「家庭科」ではなく「社会科」。「身近で働く人」という単元で、

1 小学部・中学部の事例⑤

厨房の仕事をビデオ録画したものを、生徒たちと視聴した。映像を通して、自校調理の給食がどのように作られているのかを学んだ。映像の中で、栄養士によって清潔面や温度管理など普段気をつけていることなどが語られており、単に工程を知るだけでない内容に仕上がった。その後、映像を見ての疑問点などを話し合い、厨房で働く人にインタビューをしたり（**写真3**）、写真をもとにどうやって給食が作られているかを壁新聞にまとめたりした（**写真4**）。ビデオに映っている作業だけでなく、「献立を考える仕事」「材料を注文する仕事」などがあることに気づける生徒もおり、学習を深めていくことができたと思っている。

写真3　栄養士や調理員にインタビュー

このことから、普段の生徒の食べっぷりや好き嫌い等を気にかけてもらうなど、生徒と栄養士の間になじみもでき、授業でもコラボしやすい雰囲気が作られていた。

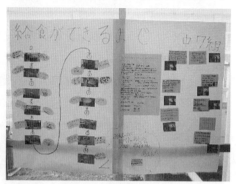

写真4　作った壁新聞はランチルームに掲示してもらっている

また、今回のコラボが思わぬ学習と交流に発展もしている。学校給食の食材を納入されていた地元の農家の方が廃業されることになり、最後に何らかの形で生徒と交流できないかという話が栄養士から提案されたのだ。そのとき（6月）に旬のじゃがいもと玉ねぎを持参してくださることになり、一緒に調理をして食事をしようということになった。前年度の「給食ができるまで」の学習の中で、「食材はどこから買っているのですか。」と質問した生徒がおり、そのこととつながる大切な機会となった。

せっかくなら「バランスのいいメニュー」にしようと、いただく「ジャガイモ」と「玉ねぎ」に何を加えたらよいのか、何が作れるのかを考える授業へと展開した。献立を自分で考えるのは難しいと思われたので、インターネットで調べることにした。掲示されている材料や作り方を読み、栄養バランスを考える活動も皆楽しくこなすことができた。その後は、みそ汁作りと同じように学習を展開した。このときは「ベーコン」を加えた「ジャーマンポテト」が選ばれ、農家の方も交えての調理実習となった（**写真5**）。普段会うことのない納入農家の方ともコラボできる貴重な機会となった。「野菜を作るときは何が大変でしたか？」など好奇心を満たすべく、いろいろ質問するほほえましい姿も見られた。

写真5　とれたて野菜を使ってジャーマンポテトを作る

5．成果と今後の課題

　「社会科」から「家庭科」そして「農家の人との交流」へと、栄養士とつながることで、より専門的な事柄を生徒たちに伝えられたり、思わぬ交流が生まれたりと、当初より大きく授業が発展したことが何よりの成果だった。生徒にとっても、生産者と一緒にとれたての野菜を料理することで、より「食」への意識（テレビなどの影響から「無農薬」や「食の安全」などの言葉もよく知っている）を深めることができたのではないかと思われる。なかでもとれたての玉ねぎを切ったら皆目がショボショボして、「新鮮ってすごい！」と大騒ぎしたことは、プロが作るとれたて野菜のパワーを十分に堪能する機会となった。また、本校の給食の献立表には、栄養士の配慮でよく「○○さんの白菜を使用」「○○ファーム（作業所）のみず菜」など生産者の名前が書かれている。以後、この生産者名を気にする姿も増えている。

　「みそ汁作り」の成果について振り返ると、みそ汁の具というのは、生徒たちにとって大変身近で、かつ、野菜やたんぱく質系のもの（とうふやおあげ）など組み合わせのバリエーションが豊富で柔軟に考えることができる教材だった。そのため、生徒たちは楽しんで「マイみそ汁」を考えることができていた。自らがシェフ気分になり工夫して書きこむ「おすすめポイント」欄も効果があったのではないか。また、粉末だしで作る簡単みそ汁にしたことも、生徒たちにとってのハードルを下げたと思われる。「これならできる」と自信をもった生徒が、以後家庭で料理のお手伝いをするようになり、夏休みにカレー、冬休みにチャーハンと着々とレパートリーを広げている。

　課題は、やはり、系統立てて学んだ栄養素の知識の定着の難しさだろう。相変わらず「野菜残したらあかんで。」「なんで？」「体にいいから」「どういいの？」「えっと……なんやっけ？忘れた。」といった会話は続いている。「ビタミン」も「タンパク質」も名称は知っていても、その働きは「えっと……なんやっけ？」のレベルに戻っている。でも、今はそれでもよいとも思う。大切なのは聞きかじりの知識を正確にすることよりも、「バランスよく食べることが大切なんだ」と実感し、日々の暮らしの中で活かせること、つまり、自ら好き嫌いをなくそうと思えたり、ちょっと苦手でも給食に出たものはまんべんなく食べようと努力できたりすることなのではないだろうか。いつか社会に出て、自分で献立を考える機会があったときに「バランスが大切やったなあ」と思い出せれば、どの食材にどんな栄養があるかは、インターネットですぐ調べられるのだから。

　もう一つ大切なことがある。家でも料理をするようになった生徒もいたが、やはりそうでない生徒も多い。これからも、学校での調理活動を通して「料理は難しいもの」ではなく「やってみたら簡単だった」「自分にもできる」と思えるものにしていきたい。中学3年生といえば、親からの自立の一歩としても、インスタント以外で「これなら作れる"マイ料理"」があってもいい年頃。「手伝ってもらうとかえって時間がかかって」と苦笑される保護者の気持ちも理解しつつ、いろいろな人から学んだ今回の取り組みが、生徒たちの自立への一歩につながればと願っている。

高等部 「食」に関する事例①

お弁当を作ろう！

青森県立むつ養護学校　教諭　川嶋 恵美

1．学校の概要と「家庭」の教育課程上の位置づけ

　本校は、知的障害の児童生徒を中心に小学部、中学部、高等部合わせて97名が在籍している。本校は、むつ下北地区における唯一の特別支援学校であり、平成23年度より知的障害と肢体不自由を対象とする特別支援学校となった。また、地域における障害幼児への教育相談、幼稚園・保育園（所）への支援、小・中学校、高等学校への支援、関係する機関への協力や支援、連携などを行い、特別支援教育のセンター的役割に取り組んでいる。

　本校における「家庭」の教育課程上の位置づけとしては、各教科の科目として単位時間を設定していない。「家庭」に関する学習内容は、主に生活単元学習の指導の中で行っている。

　高等部においては、生活単元学習の中に調理を中心とした単元を設定しており、学級ごとに指導している。また、作業学習においても「家庭」に関する内容を扱っている。加工手芸班では、こぎん刺しや段ボール織りでコースターやクッション作りをしたり、毛糸でシュシュを作ったりするなどの手芸作品の製作を中心に行っている。また、菓子製造班では、クッキーやチーズケーキなどのお菓子を作って販売しており、そこでは調理だけではなく衛生面に関する指導も行っている。

2．単元の概要

（1）単元名
「お弁当を作ろう」（高等部3年）

（2）単元目標
・おかずの彩りや栄養バランスが分かる。

・彩りよく弁当を作る。

＜指導計画＞
・おかずのバランスを考えよう…3時間（本時1／3）

・レシピを調べよう…2時間

・自分のお弁当を作ろう…2時間

（3）生徒の実態
　本学級は、高等部3年生男子4名、女子5名の9名の学級である。障害の程度は、軽度〜中等度の知的障害で、中には身体障害や自閉症スペクトラム障害を併せ有する生徒もいる。会話によるコミュニケーションは可能であるが、気持ちや考えをうまく伝えられない

生徒や、人の意見を素直に受け入れられない生徒など、コミュニケーションに課題のある生徒が多い。

調理学習に関しては興味があり、事前の話し合い活動や調べ学習にも意欲的に参加している。調理を行う際には、グループの友達と話し合って分担したり、協力したりしながら調理を進めることができるが、家庭においては料理を手伝う生徒は少なく、現場実習に持って行く弁当も保護者に準備してもらう生徒がほとんどである。

(4) 題材について

生徒が調理に関して興味があることをふまえ、現場実習に出た時に自分で弁当を作って持って行ってほしい、卒業後に少しでも自立した生活を送ってほしいという願いから、この弁当作りの単元を設定した。

キャリア教育発達段階表では、情報活用能力＜情報収集と活用＞を中心に据え、おかずの彩りや栄養バランスについて学び、それを弁当作りに生かすことをねらいとした。彩りや栄養バランスを学習する際には、自分の意見を話すこと（キャリア発達段階表の人間関係形成能力＜意思表現＞）も大事にして授業を行った。

彩りを意識した上で、簡単に弁当作りができるようにしたいと考え、主菜に冷凍食品を活用した。副菜には、簡単に作れるものや、フルーツ、ミニトマトなどを使うようにした。

(5) 指導上の留意点

「自分で作った弁当を次の実習に持って行く」という設定で弁当のおかずを考えることによって、自分で作ってみようという意欲につなげられるようにした。また、彩りの良いおかずや栄養、弁当を詰める時の注意点などの学習の際には、自分たちで考えて答えを導き出せるように、考えて発表する場面を多く設定した。さらに、自分で考えた弁当を発表し、友達からの評価を受けることによって、自己肯定感を得たり、改善しようとしたりできるようにした。

3．活動の実際

学習内容	指導の手立て・工夫	準備物／備考
1　始めの挨拶 ・日直の号令で挨拶をする。	・姿勢を正し、大きな声で挨拶するように言葉かけをする。	
2　本時の学習内容を知る。	・T１は本時の流れについて説明し、T２は生徒に注目を促す。	
3　自分の弁当のおかずを考える。 ・自分で弁当を作るとしたら、どんな弁当にするかワークシートに記入し、発表する。	・弁当箱の形を選択できるようにし、各自で考えたおかずを見やすくマジックで書くようにする。 ・T１、T２はそれぞれ机間巡視し、困っている生徒にはヒントとなる言葉かけをする。	・弁当箱の用紙２種類 【資料１】

2　高等部　「食」に関する事例①

	☆弁当のおかずを考えて発表することができたか。	
4　バランスの良い弁当について知る。 ・2種類の弁当の写真を見て、どのおかずのバランスが良いかを考える。 ・彩りや栄養バランスについて知る。	・違いが分かりやすい写真を用意する。 ・意見を発表しやすい雰囲気を作る。 ☆教師の質問に対して、意見を言うことができたか。 ・5色のおかずが良いことを伝え、色や食材を発表できるようにする。 ☆色や食材を考えて発表することができたか。	・写真2種類 ・プリント【資料2】
5　おかずを色分けする。 ・初めに自分で考えた弁当を赤、緑、黒、黄のマジックで色分けしていく。	・T1、T2はそれぞれ机間巡視し、困っている生徒にはヒントとなる言葉かけをする。 ☆正しく色分けすることができたか。	
6　自分の弁当のおかずを再度考える。 ・学習したことを踏まえて、初めに考えた自分の弁当を見直す。	・T1、T2はそれぞれ机間巡視し、困っている生徒にはヒントとなる言葉かけをする。 ☆バランスの良いおかずが理解できたか。	・弁当箱の用紙2種類
7　本時のまとめ ・今日の学習を振り返る。	・大事なポイントを整理し、生徒がうまくできたところを賞賛する。	
8　終わりの挨拶 ・日直の号令で挨拶をする。	・姿勢を正し、大きな声で挨拶するように言葉かけをする。	

4．指導上の工夫

（1）弁当箱の選択

　自分の弁当箱に近い物、または好きな形の弁当箱を選択できるようにし、作った弁当をイメージしたり、楽しんでおかずを描いたりできるようにした。
　おかずを弁当箱に描くときには、友達の前で発表したり黒板に貼ったりしたときに見やすいように、マジックでおかずを描くようにした。

（2）彩りの良い弁当と悪い弁当の判別

　彩りの良い弁当と茶色いおかずばかりが入った弁当の2種類の写真を準備し、それぞれの弁当の良いところと悪いところを発表する学習を行った。茶色いおかずばかりの弁当も、「お腹いっぱいになりそう」「体力がつきそう」などの良い意見も出されたが、彩りの良い弁当は、「きれい」「バランスが良い」などの意見が出され、生徒の発言の中から答えを導き出すことができた。2種類の写真は、視覚的にはっきりと違いが分かりやすい写真を

【資料1】

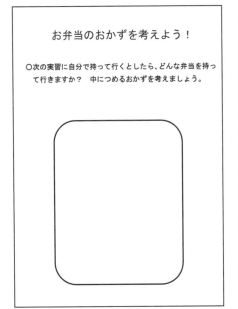
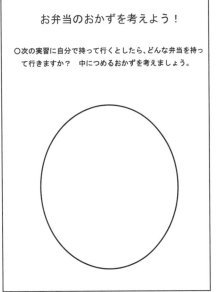

準備した。

おかずを弁当箱に描くときには、友達の前で発表したり黒板に貼ったりしたときに見やすいように、マジックでおかずを描くようにした。

(3) 5色の彩り

彩りの良い弁当には5色必要だということを伝え、何色があるかを挙手をして発表するようにした。知っている色を発表すればよいので、全員積極的に手を挙げて発表する様子が見られ、オレンジや紫など、カラフルな色も発表された。

5色にはどんな食材があるのかも同様に発表するようにした。思いつく食材をどんどん発表する様子が見られ、普段あまり主体的に発表しない生徒も手を挙げて発表する様子が見られた。

生徒の発表から答えを導き出し、【資料2】で確認した。

(4) 5色の食材の確認

はじめに自分で考えた弁当をマジックで色分けし、バランスの良い弁当かどうか確認した。「2色しかない」「黒が入っていない」など、色分けをしながらそれぞれの生徒が自分の弁当の足りない色を口にする様子が見られた。

(5) 自分の弁当を再度考える

これまでに学習したことを踏まえて、改めて彩りの良い弁当のおかずを考え、【資料1】に色分けをしておかずを描いた。はじめに考えた弁当と再考した弁当を黒板に貼り、比較できるようにした。

2 高等部 「食」に関する事例①

【資料2】

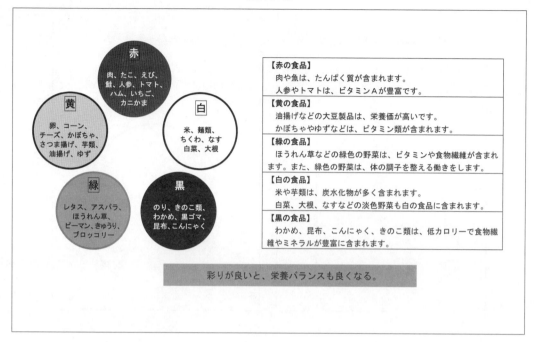

5．成果と今後の課題

(1) 成果

　授業の中では、全員が彩りの良い弁当を描くことができた。

　実際に弁当を作るために、グループに分かれておかずを考える際にも、5色のバランスを考慮した弁当を考えることができた。

　授業改善シート【資料3】を活用し、授業を振り返り次時の授業改善につなげることができた。

　5色の食品群の栄養について2時間目に学習し、彩り良くおかずを入れることが栄養バランスの良さにつながることを確認することができた。

　実際に調理を行い、弁当箱に詰める際には、おかずを詰め過ぎたり、バランスが偏ったりする生徒もいたが、概ねバランス良く詰めることができていた。

　この学習後の現場実習では、実際に自分で弁当を作って持って行った生徒や、保護者におかずを作ってもらい、自分で詰めて持って行った生徒がいた。

(2) 課題

　黒板の使い方が整理されていなかった。視覚的な情報を整理することが少ない支援で学習できる環境にもつながるため、情報の整理を心掛けていきたい。

　彩りが栄養バランスにつながり、それが健康につながり、働く力につながるというところを社会に出ていく生徒たちにしっかりと伝えていきたい。

第2部　実践編

【資料3】

授業改善（観点位置付けシート）シート

◎は主たる観点　○は関連する観点

学部・学級等	高等部2組（班・G）
指導形態等	生活単元学習
題材・単元名	お弁当を作ろう
本時の目標	・おかずの彩りや栄養バランスがわかる。

観点項目

	人間関係形成能力			情報活用能力			将来設計能力				意思決定能力			
	自人己とのかかわり/他者理解	集団参加/協力・共同	意思表現	挨拶・清潔・言動身だしなみ	様々な情報の収集と活用への関心	法や社会制度の理解と資源の活用/マナー	消費生活の理解/金銭の管理/金銭の意義	はたらくことの喜び/役割の理解	夢や希望	生きがい・やりがい	進路計画	習慣形成	目標設定	決定・責任/自己選択	振り返り/肯定的な自己評価	自己調整

		人間関係形成能力			情報活用能力			将来設計能力				意思決定能力			
1	はじめの挨拶			○											
2	本時の学習内容を知る				○										
3	自分の弁当のおかずを考える		○										○		
4	バランスの良い弁当について知る		○			◎									
5	おかずを色分けする					◎									
6	自分の弁当のおかずを再度考える		○			◎							○		
7	本時のまとめ													○	
8	おわりの挨拶			○											

授業改善（次時の授業に向けて）

成果（＋）
- 楽しい授業内容だった。
- 食材の色分けと分類が生徒に分かりやすく、興味を引いていた。
- 比較ができていたので、彩りの観点で持っていけた。

課題（－）
- 彩りは分かりやすいが、彩り＋栄養バランスが具体的に結び付けられれば良い。
- カロリーに対しての意識があっても良い。
- 板書の大きさや掲示物の大きさを工夫する。
- 授業の最後に、こういう彩りが栄養バランスにつながる、それが健康につながり、毎日の働く力につながるというまとめ方もある。

高等部 「食」に関する事例②

生活の力を高める段階的で系統性のある調理実習

愛知県立春日台特別支援学校　教諭　小林 雅代・目黒 利奈

1. 学校の概要と「家庭科」の教育課程上の位置づけ

　本校は、愛知県心身障害者コロニー内にあり、知的障害のある幼児児童生徒が通う特別支援学校である。「元気な子　仲良くする子　がんばる子」を校訓とし、緑の多い自然豊かな環境にある。

　本校高等部の教育課程では、A～Dの4つの類型を設定しており、生徒たちはそれぞれの実態や目標に適した類型で学習に取り組んでいる。A類型は各教科別の指導を中心とし、合わせた指導としての作業学習を取り入れて編成している。主に、卒業後は企業就労をめざす生徒が学習している。B・C・D類型は合わせた指導として作業学習のほかにも、生活単元学習や日常生活の指導も取り入れて編成している。卒業後は主に、福祉就労をめざす生徒たちが学習している。

　家庭科では障害の程度や学習の習熟度にかかわらず、「生徒たちの個々の生活力を上げよう」を目標に、今できる力を伸ばし、生活に生かせる力を培おうと日々学習をしている。実践的・体験的な内容を取り入れながら、生徒たちが今もっている知識や理解している事柄を把握して、一人一人にとって生活するために必要な力とは何かを考え、指導・支援を行っている。

2. 単元の概要

　今回取り上げる調理実習の実践は、A類型の生徒を対象としたものである。生徒の自立の形は様々なため、本人なりに自立した生活者となれるように3年間の積み重ねを大切にしていきたいと考え、各学年における調理実習で身につけたい目標をそれぞれ設定した。

各学年の調理実習における目標

1年生の目標〈事例〉	○経験を重ね、できることを増やす段階 ・エプロン・三角巾を正しくつけよう。 ・包丁を正しく持ち、いろいろな野菜を切ろう。 ・調理器具の使い方を覚えよう。 ※同じ調理実習を2度行うようにする。	調理例 ・魚のホイル焼き ・豚汁　・やきそば ・フレンチトースト ・お好み焼き
2年生の目標〈事例〉	○できるようになったことを定着させる段階 ・加工食品(市販のたれ等も含む)を使いおかず(主菜・副菜)を作ろう。 ・計量器具(計量スプーン、カップ)を正しく使おう。 ・いろいろな野菜の切り方を覚えよう。	調理例 ・カレーライス ・豚肉の生姜焼き ・麻婆豆腐　・中華丼 ・クラムチャウダー

3年生の目標	○身につけた知識や技術を生活に生かす段階 ・調理用語を覚えよう。 ・レシピを読んでご飯を作ろう。	調理例 ・オムライスとスープ ・酢豚と中華卵スープとご飯

以下、各学年における実践の例を述べる。

──〈高等部1年の実践例〉──

単元名 調理実習「魚のホイル焼き」（高等部1年生A類型）

（1）単元の目標
- 正しくエプロン、三角巾を身につける。
- 包丁の正しい持ち方、手の添え方・押さえ方などを知り安全に使用できる。
- 大まかな手順を理解し、提示した作り方カードを確認しながら調理する。
- 食器の洗い方や流しの掃除、ごみの分別など後片付けの仕方を覚える。

（2）生徒の実態
　初めての調理実習では、エプロンや三角巾の身につけ方が分からず、一人でできなかったり、包丁やガスコンロ、ホットプレートなどの調理器具を扱うことも不慣れだったりする生徒が何人もいた。しかし、どの生徒も調理実習を楽しみにして意欲的に取り組むことができていた。

（3）題材について
　この「魚のホイル焼き」は同じグループの生徒同士、仕事を分担して協力しながら野菜を切ったり、一人1つずつ材料をのせる順番を確認しながらアルミホイルにのせ包んだりすることによって、自分で作ったという達成感も味わうことができる。こうした体験からますます積極的に料理を作ってみたいという動機づけになってほしいと思い設定した。

（4）指導上の留意点
　調理に不慣れな生徒が多い中、安全に実習を行うために、特に包丁と加熱調理器具の扱い方を具体的に伝えるようにした。包丁については運ぶときの持ち方、材料を切るときの持ち方や押さえ方、フライパンについては熱くなるので触ってはいけない部分と熱くならないので触ってもよい部分を伝えた。食中毒にならないようにという観点から、生魚に触ったら必ず石けんで手を洗ってから次の作業を行うことや、魚の中まで加熱することの必要性とその確かめ方などにも注意を徹底した。実際の作業では、教員が手本を見せてから生徒が注意事項を確認し活動を展開する。

（5）学習の展開

学習活動	学習の手立て	準備物／備考
1　準備 　・身じたく、手洗い 2　始めの挨拶	・エプロン、三角巾が正しく着用できているか確認し、着用できていない場合は結び方の手本を見せたり、手の動かし方を支援したりする。 ・材料として使用する魚や野菜の名称	○身じたく （生徒・教師） 　エプロン三角巾、マスク、手ふきタオル （教師）

3　作り方の説明 4　調理 （1）魚に塩、こしょうをかけ下味をつける。 （2）レモン→くし形 　　玉ねぎ→薄切り 　　いんげん→へたを取る 　　えのき→石づきを取ってほぐす （3）アルミホイルに玉ねぎ、魚、バター、えのき、いんげんの順にのせて包む。 （4）フライパンでふたをして7〜8分焼く。	を、実物を見せながら確認する。 ・生魚に触ったら、手を洗ってから次の作業に移ることを確実に伝える。 ・材料を切るときの包丁の持ち方や手の添え方、押さえ方を確認し適切な方法を伝える。 ・アルミホイルがうまく引き出せない生徒は、箱から引き出す角度や切るときの力加減を伝えて、もう一度挑戦するように促す。 ・アルミホイルの上に材料をのせる順は黒板のカードを見て確認するように促す。 ・焼いている間に、使った調理器具を洗ったり、食器の準備をしたりするように言葉をかける。 ・焼き上がりの時間になったら、魚の中まで火が通ったか、竹串を刺して確認する方法を実演し、その後生徒が行うように促す。	除菌スプレー 台ふき 写真入りの手順カード ○食材 　魚、玉ねぎ、えのき等 ○調理器具 　バット、ボウル、包丁、まな板、フライパン、ガス台、フライ返し、竹串、ごみ袋 
5　試食	・試食は和やかな雰囲気でおいしくできたかみんなで確認し合い、成就感を味わえるようにする。	○食器 　皿、箸
6　後片付け	・食器洗いは「洗剤洗い」「すすぐ」「拭く」を分担し行うよう言葉をかける。 ・後片付けが終わったグループから調理台、流しがきれいになったか、生ごみは残っていないかなどを点検する。	○食器洗い用具 　洗剤、スポンジ、ふきん
7　振り返りシート	・振り返りシートで材料の大きさをそろえて切ることができたか、手順が分かったかなどといった項目を一つずつ読み上げて○、△、×で記入するように促す。	○振り返りシート (生徒) 　筆記用具
8　まとめ 9　終わりの挨拶	・次回の2回目の実習は同じ内容を行うことや自分たちで作り方を確認し進めることを伝える。	

（6）指導の工夫
- 手順などを視覚的に分かりやすく示す。
- 実習内容は1品にし、実習のねらいを明確にし、一つ一つの調理技術やその方法を丁寧に伝えるようにする。
- 同じ調理を2回行う。1回目は教師が手本を見せながら手順や方法を説明し、その後正しい方法でできるように教師と一緒に確かめながら行う。2回目は1回目の実習を思い出しながら、自分たちで手順カードを見て確かめながら進めることを目標にして取り組む。
- 実習後に各自「振り返りシート」を記入する時間を設定し、「調理実習で身につけたい力」を生徒自身も意識して次の実習に取り組めるようにする。

調理実習ふりかえりシート

――〈高等部2年の実践例〉――――――――――
単元名 調理実習「計量の仕方を知ろう」（対象年齢 高等部2年生A類型）

（1）単元目標
- 野菜のゆで方を覚える。
- 計量スプーンで、液体・粉・粒などの調味料のはかり方を覚える。

（2）生徒の実態
　調理実習は楽しく意欲的に取り組むことができる。調理実習に対する衛生マニュアルにも心構えが整うようになり、調理の技術も少しずつ上がってきている。分からないときには黒板に掲示してある手順を確認しようとする生徒もおり、レシピに対しても意識が向くようになってきた。

（3）題材について
　「ほうれん草のごま和え」を作りながら、ごま和えに必要な、醤油、砂糖、ごまといった形状の異なる調味料を正しい手順でそれぞれが計量スプーンを用いて計量を行い、正しい手順を覚える。

（4）指導上の留意点
　卒業後には、レシピを活用しようとする力をめざしていきたいと考えている。料理のレシピに必ず出てくる料理用語、計量、火加減などを知る必要があるため、それらの言葉の意味を理解できるよう、実際に計量し、その手順を確認するようにする。

2 高等部 「食」に関する事例②

(5) 学習の展開

学習活動	学習の手立て	準備物／備考
1　準備 2　始めの挨拶 3　今日の内容	・エプロン、三角巾が正しく着用できているか確認する。 ・おいしい料理を作るときには味付けが大切で、調味料を正しく計量スプーンやカップではかることがポイントになることを伝える。	○身じたく （生徒・教師） 　エプロン、三角巾、マスク、手ふきタオル
4　調理 （1）ほうれん草をゆでる。	・黒板に示した写真カードで手順を確認しながら、ほうれん草をゆで、3cmぐらいに切ることを説明する。	（教師） 　除菌スプレー 　台ふき 　手順カード
（2）「砂糖を大さじ1ははかってみよう」と言葉をかけ、自分が大さじ1と思う量をはかり、小皿の上におく。	・2人1組で計量スプーンを使い、交代で全員が計量を行うよう言葉をかける。 ・生徒自身が「大さじ1」はこれぐらいと思う量をはかり、その量を周りの友達と比べてみるよう言葉をかける。	○食材 　ほうれん草、砂糖、しょう油、ごま等 ○調理器具 　バット、ボウル、包丁、まな板、計量スプーン、竹串、ごみ袋
（3）教師の大さじ1のはかり方を見て、自分でも大さじ1をはかってみる。	・大さじ1の正しいはかり方を伝えるために教師の周りに集まるよう言葉をかける。 ・砂糖やごまなどの、粉類や顆粒状のものはスプーンの山盛りになるまですくい、別のスプーンや竹串などで「すりきる」ことを伝える。しょう油などの液体のものはスプーンの縁ぎりぎりまで入れることを伝える。	○食器 　皿、箸 ○食器洗い用具 　洗剤、スポンジ、ふきん
（4）はじめに自分ではかった大さじ1と後からはかった大さじ1と比べてみる。		
（5）正しいはかり方で、ほうれんそうのごま和えの調味料をはかってみる。	・各テーブルを回りながら、正しくはかれているか確認する。 ・山盛りにすくえるよう、手のほどよい力の抜き方や、すりきるときはスプーンの両端を滑らすように別スプーンを動かすなど細かいポイント	

第2部　実践編

	を言葉で伝えたり、一緒にやってみたりする。	
（6）ほうれんそうと調味料を和え、人数分に皿にとりわけ試食の準備をする。	・正しくはかれるようになったところで、グループで協力してレシピどおり調味料を計量するように伝える。	
5　試食	・試食をしながら、はじめにはかった砂糖の量を入れていたらどんな味になるのかと考えるよう促し、きちんと計量することの大切さを伝える。	
6　後片付け	・周りの動きを見たり、協力したりしながら後片付けをするよう言葉をかける。	（生徒）筆記用具
7　まとめ 8　終わりの挨拶	・計量スプーンのはかり方について感想をプリントにまとめる。	

（6）指導の工夫
・手順などを写真や絵カードで視覚的に分かりやすく示す。
・何度も練習を行い、全員が正しく計量スプーンを使えるようにする。
・2人1組で行うようにし、計量のやり方をお互いが見合うことで正しい方法を習得できるようにする。

3．学年を通じての工夫

(1) 分かりやすいレシピの提示

各学年ともに3年間共通して、調理実習を行うときには、調理実習の手順やレシピを写真やイラストを用いて分かりやすく黒板に示すようにしている。1年生では手順を詳しく伝えるために実際に調理している場面を写真で写したものを用いているが、2年生からは少しずつレシピになじめるようにするため、一般的に用いられているようなレシピを提示し展開している。一般的に用いられているレシピには「ひたひた」「ひとつまみ」などの調理用語が記載されていたり、分数で「大さじ1／2」などの

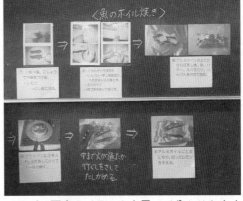

レシピは写真やイラストを用いて分かりやすく

分数表記されていたり、生徒たちにとって分かりづらいことが多い。そのため、分かりにくい言葉や数字表記については、イラストや写真等を用いて伝えるようにしている。

（2）調理実習ファイル

　高等部家庭科の授業では、1年生から学習ファイルとは別に調理実習ファイルを設け、配付するレシピを綴じるようにしている。そして、高等部3年間の調理実習の経験を組み合わせると1食分の献立になるよう、主食、汁、主菜、副菜といった内容にも工夫し生徒たちに栄養バランスのとれた食事のとり方を伝えるようにしている。

4．生徒たちの変容及び成果

（1）生活スキルの向上

　1年生の授業では、エプロンを床に広げてどうやって着たらよいのか考え込む生徒や、三角巾を頭の後ろで結べない生徒など、基本的な生活スキルが身についていない様子が見られた。このような生徒たちの行動は、そのほとんどが経験不足であることが多い。そのため、調理実習では、生徒が自ら取り組める体験的な活動を大切にし、繰り返しの中で、基本的スキルを身につけられるよう支援した。1年生からエプロンの着用練習を繰り返し行うことで、2年生で行われる産業現場等における実習では、実習先から渡されるエプロンもスムーズに着用できるようになった生徒や、じゃがいもの皮をきれいにむけるようになった生徒も見られた。体験的活動の積み重ねが、生徒の基本的スキルを向上させ「何でもやろうとする力」や「できる力」となった。

（2）調理操作の向上

　生徒の手つきを見ると家庭でお手伝いをしている様子はあまり見られないことが多い。そのため、1年生では同じ内容の調理実習を2度行うようにしている。1回目は調理の基礎となる包丁の持ち方・切り方・皿や茶碗の洗い方・流し方・衛生・安全などを丁寧に伝えながら行い、2回目は教師とレシピの確認をした後、生徒のグループで進めるように伝え、教師は助言を心がけるようにした。同じ題材の調理実習を2回行うことで、2度目の調理時には間違うことなく大根をいちょう切りにできたり、1人でアルミホイルを必要な分を切り取ることができたりするなど、自ら進んで取り組んだり、考えて行動したりする場面が見られ、2回目の実習で力がついていくのを感じることができた。夏休みの前にはフレンチトーストの実習を2回行い、家族にフレンチトーストを作る宿題を出すと、ほとんどの生徒が家庭で実践することができ、保護者からもうれしいコメントがたくさん届いた。

（3）家庭生活の役割を理解する

　2、3年生になると、グループ内で協力して調理を行おうとする姿が見られるようになり「僕はピーマンを切るから、にんじんを切って。」「僕は調味料をはかるよ。」「私は洗い物をするね。」などの言葉が聞かれるようになった。このように、まわりの友達の動きを見ながら指示を出す生徒や、教師のレシピの説明を聞いた後、もう一度レシピを自分で確認しながら作業を進めることができる生徒も少しずつ増えてきた。1年生のときは自分の作業だけで精一杯で、手際も悪く協力して後片付けができなかった生徒たちも、3年生になると言葉をかけ合いながら協力して実習ができるようになってきた。こうした「協調・

協力」ができることで、3年生になると主食、汁、副菜といった1食分の献立が実習時間内にスムーズに作れるようになっていった。

（4）家庭生活で自立的に役割を果たす

　卒業生から「この前、レシピ集を見ながらやきそばを作りました。」や「お母さんと一緒に茶わん洗いをしています。」や「ご飯を毎日炊いています。」などの言葉を聞くことがある。これらの言葉は、学習により身につけたことを生活に役立ててくれているのだとうれしく感じられる瞬間である。卒業後、家庭やグループホームなどで生活を営む中、家族や周りの人と協力し家庭生活の中の仕事で自分の役割を果たせることは、家族の一員として認められ、家庭生活の中で存在感をもつことにつながると思われる。

5．今後の課題

　調理実習は「作る楽しみ」もあれば、その後の「食べる楽しみ」もある。どちらかというと、生徒たちは食べる楽しみの方が強い傾向があるが、栄養のバランスと必要な量を考えた食事をとり、健康に過ごせるようにすることもこうした実習を通して伝えていかなければならない。自分の好きなものや、おいしいものだけをおなかいっぱい食べるのではなく、バランスを考えて食べられるように、栄養や調理方法などについても実習の後に振り返りを行うなど、よりよい食育の実践をめざしていきたい。

　また、調理実習の中には卒業後の就労に結びつく技能も含まれているため、キャリア教育の観点も大切にし、生徒たちに指示どおりに行動することや周りの人と協力することの大切さも実習を通して伝えていきたい。楽しいだけの調理実習に終わらないように、今後も生活に役立つ実習となるように支援を続けていきたい。

2 高等部 「食」に関する事例③

栄養バランスのよい食事を考えよう

鳴門教育大学附属特別支援学校　教諭　**清久 幸恵**

1．学校の概要と「家庭」の教育課程上の位置づけ

　本校は定員制の学校であり、小学部は1学年3名、2学年複式の3学級、中学部は1学年6名の1学年1学級の3学級、高等部は1学年8名、1学年1学級の3学級、計60名、9学級の知的障害のみを対象種とする特別支援学校である。

　本校では、学習指導要領の学習内容をもとに「働く」「暮らす」「楽しむ」の3観点に分類した尺度表を作成し、児童生徒の実態に即した個別の指導計画の目標を立てる際の参考としている。児童生徒の将来の自立と豊かな社会参加を考えると、家庭科の学習内容は3観点ともに密接な関わりをもっており、その学習内容の重要性が分かる。小学部では教科としての「家庭」の設定はなく、教科等を合わせた指導の形態である生活単元学習や日常生活の指導の中で、調理や食器洗い、洗濯物干し、掃除などの生活で必要な技能、家庭での手伝いにつながる活動を行っている。中学部では、「職業・家庭」として週2時間の教科学習を設定しており、個別の指導計画の目標をもとに3学年縦割りで4グループを編成し、グループの実態に応じて、掃除、お菓子作り、ゴミの回収・弁別、余暇活動を増やすための活動などを行っている。高等部では、週2時間「家庭」の教科学習を設定し、中学部同様3学年縦割りで個別の指導計画の目標に応じてグループ編成を行い、調理、裁縫、掃除、余暇活動等、生徒の実態に応じた内容を取り上げている。

2．単元の概要

（1）単元名

　「栄養バランスを考えた料理を作ろう」
　（高等部1年2名、2年3名、3年2名　計7名）

（2）単元目標

①三色食品群を利用して自分が作りたい料理に入っている材料、栄養素が分かる。
②主食（糖質）、主菜（タンパク質・脂質）、副菜（無機質・ビタミン・食物繊維）が分かり、組み合わせることができる。
③友達が作りたいと希望する料理を知り、自分の意見と合わせながら献立を考える。
④調理時間を考えて、時間内に作ることができる献立を考える。
⑤自分のできること、苦手なことを考え、友達と協力して調理をする。

（3）生徒の実態

　高等部の「家庭」は4グループに分かれており、本グループは生活能力が高く、将来グ

ループホームや一人暮らしで生活することをめざす生徒集団である。7名中6名が自閉症であり、自己主張が強い、周囲への意識が乏しい、完璧を求めすぎる、友達を気にしすぎる、尋ねるのが苦手など個々の特性は異なるが、コミュニケーションや集団参加に課題のある生徒が多い。調理単元は全員が好きで、調理実習を楽しみにしており、調理器具の扱い方をある程度身についている。

(4) 題材「栄養バランスのよい献立を考えよう」について

本グループの「家庭」では、将来の自立した生活に向けて、衣食住の様々な分野に焦点を当てた授業を行っている。食に関する指導の主は調理に関してであり、その題材は、学期始めに予定日を伝え、どのような料理を作りたいか質問し、生徒同士の話し合いで決めている。生徒の食事の様子を見ると、主食や主菜を多く食べている様子が見られ、栄養バランスが崩れぎみである。卒業生の多くが、食事量や栄養バランスの偏り等により早期に成人病を患っている現状を考えると、将来、寮等で一人暮らしをする可能性のある生徒だけに、作ることができるレパートリーを増やすとともに、カロリーや栄養バランスについての知識を身につけ、自分自身への食生活に関する意識を高める必要がある。本単元では、生徒が作りたい料理を考え、調理を行う。健康な生活を送るためには食事の栄養バランスが重要であることを意識するよい機会であると考え、本題材を設定した。

(5) 指導上の留意点

「家庭」の授業は2時間続きで実施しており、学期に約5回、調理実習に充てている。これまでの調理実習は、教員が生徒の作りたい料理を参考に、時間と主食、主菜、副菜のバランス、生徒の好き嫌いに配慮して献立を考えていた。しかし、自分自身の食生活に関する意識を高めるためには、生徒自身が普段の食事カロリーや栄養バランスなどを意識し、実践する必要がある。そこで調理実習する料理に関しては、毎回、栄養バランス等を考えた上で、調理することにした。

まずは、一番身近な学校給食について、赤黄緑の三色食品群で材料を分類し、各群から2種類以上の材料があるか確認することを通し、栄養バランスについての意識を高める。その後、実際に調理実習する料理の栄養バランスについて、主食、主菜、副菜も含めて考えさせる。そのとき、使われる材料がどの分類に当たるか学習できるようワークシートを準備して、生徒同士で確認や相談し合いながら学習が進められるように工夫し、生徒の主体的な活動を促す。また、調理の際に必要な材料、道具、手順を自分で確認しながら記入する欄を設け、学校で学習した料理のワークシートをスクラップし、家庭に持ち帰り、家族への意識向上につなげるとともに、家庭でも練習できるようにしていく。年間の調理実習は、同じ様式のワークシートで学習を行い、繰り返し学習を通して定着を図っていく。

個々の生徒は得意、不得意があるが、苦手なことを認め、友達に助けを求める生徒は少ない。将来の社会参加の視点から見ると、自分でできることは自分自身の力で行い、不得手なことは友達に協力を求めて一緒に行うなど、自分の能力に応じた対応が求められる。調理実習全般において自己理解と助け合いに留意して学習を進めていく。

2 高等部 「食」に関する事例③

3．活動の実際

学習内容	指導の手立て・工夫	準備物等／備考
・給食便りを見て、1日の献立を3つの仲間（三色食品群）に分ける。	・指定した日の料理名を記入し、給食便りをもとに3つの仲間（はたらき）に分ける。給食便りのとおりに記入するとよいことを伝える。 ・三色食品群の表を見て、それぞれのはたらきのところにはどのような食品が当てはまるのかを確認する。 ・給食のメニューは、三色すべてに食品が入っていること、理想の献立は、まんべんなく入ることを確認する。	三色食品群表 料理名と分類を記入するワークシート
・生徒から作ってみたいと希望があった料理に入っている材料を考え、3つの仲間に分ける。	・作ってみたいと希望があった料理名の下に入っている材料を書き込むことができるようにする。調味料は忘れがちになるので、生徒から発言がなかった場合は伝える。 ・正しく分類できているか三色食品群の表を確認しながら、ワークシートを進めていく。 ・料理は彩りがあったほうがおいしく見えることを踏まえ、材料の色も確認しながら分類していく。	作ってみたい料理を三色食品群に分類するワークシート
・3つの仲間すべてに材料が入っている料理と1つのところに偏って入っていたり、あまり入っていない料理に分ける。	・ワークシートの分類した部分を見て分けるよう伝える。1つずつであったり、偏っている料理の分類ができていないときは言葉かけをして、あまり入っていない料理の方に分類するよう伝える。 ・あまり入っていない料理の場合は、どの分類に材料が入るとよいか考え、次の組み合わせを考える際のヒントを与える。 ・自分が作ってみたい料理と栄養バランスを考えながら組み合わせを考えるように伝える。	
・3つの仲間の表を見ながら、3つにまんべんなく入るよ	・組み合わせるのが難しい場合は、少ない分類のところを指さしたり、少な	主食、主菜、副菜の表

うな献立を考える。組み合わせるものがない場合は、どの仲間が入っている料理を入れたらよいか記入する。 ・主食、主菜、副菜の観点から見て考えた献立の組み合わせを考える。偏っている場合は他の料理との組み合わせを考えてみる。 ・出来上がった献立を友達に見せ、調理実習の際にこの献立を作るのでよいか確認する。友達から意見が出れば、一緒に考える。	分類を増やすことのできる材料が入っている料理を提案したりする。 ・考えてみた献立を主食、主菜、副菜の観点からみてバランスがよいか確認する。偏っている場合は献立を考え直すよう促す。悩んでいる場合はいくつかの選択肢を与える。 ・一番作りたいものを残し、残りを調整すると決定しやすいことを伝える。 ・友達が作ってみたい料理が入っているかどうか確認し、お互いの献立を見せ合い、選び合ったり、主菜同士、副菜同士で組み合わせを替えたりするよう働きかける。 ・意見が合わない場合は、残すとよい料理のアドバイスを行う。	
・調理手順を見て、作業時間を計算し、調理実習を行う時間内に作ることができる献立を考える。	・決定した献立の調理手順の横に必要時間を書くスペースを設け、時間内に作ることができるか計算するようにする。 ・グループで調理するため、献立にある料理名を並べて示し、平行して考えるようにする。 ・時間が足りない場合に作業時間を短縮できるか料理を変更した方がよいか友達同士で話し合い、答えが出ない場合は教員に聞くよう伝える。	手順と時間を記入するワークシート

4．指導上の工夫

普段の給食の様子や校外学習時の外食の様子を見ていると、カロリーを気にする生徒は数名いるものの、栄養を考えて献立を選択する生徒はいなかった。そこで、栄養が偏るとどうなるのか、偏らないようにするには何に気をつけるとよいかの知識を与えるため、身近なところから考えることとした。

①**給食は栄養士が栄養バランスを考えて献立を考えてくれていることを知る。**
　→　給食便りの三色食品群を利用
　→　6つの基礎食品群を利用して、分類を行ってみたが、分類が分かりにくく、時間がかかったため、三色食品群を利用した。

②**自分たちで献立を考える。**
　これまでは教員が提示した献立を作っており、自分たちで考える機会がなかった。生徒

2 高等部 「食」に関する事例③

に聞き取ってみると、家庭で料理をするときも食べたい1品のみを作ることが多いとのことであった。

- → 料理のイメージができても、材料として何が入っているかが考えにくい生徒がいたので、料理の写真を見せて確認したり、授業に参加している全員の意見を合わせて確認していった。
- → 三色食品群の表に分けてみると、料理によって偏りがあることが目で見て分かった。増やしたらよい部分が明確になり、組み合わせる参考になった。生徒が好きな献立は栄養が偏っていて、野菜を食べるとよいことが分かった。生徒は今までの献立に野菜をたす、もしくは野菜を必ず食べる意識が芽生えてよかった。
- → 料理名の下に材料、横に三色食品群を記入できるワークシートを準備し、見て分かりやすいようにした。選んだ料理のところの上に置き、選んだものがよく分かるよう枠を準備した（**写真1**）。見る場所が分かりやすくなったことで2つを見ながら足りない部分を確認することができた。

③主食、主菜、副菜を考える。

　ご飯類、麺類が好きな生徒が多く、主食同士を組み合わせる生徒がいた。主食がご飯類、麺類で1つだけ選ぶことを確認すると、組み合わせを考えやすかった。主菜はメインのおかず、給食でいうと大おかずであることを説明すると考えやすかった。この概念を取り入れることにより献立は組み合わせが大切であると理解できた。

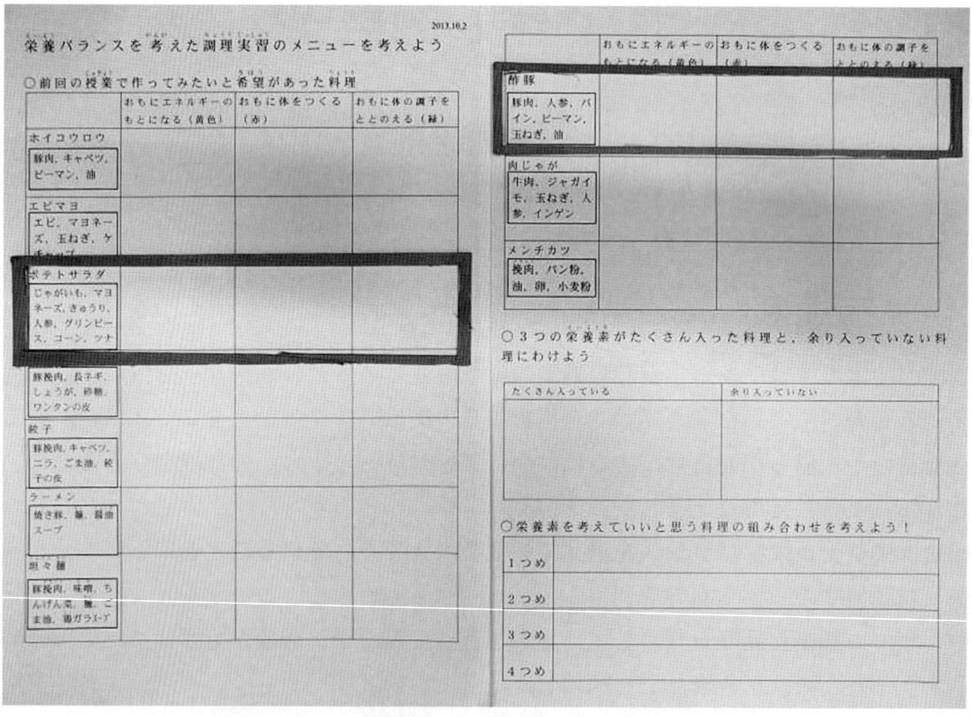

写真1　ワークシート

5．成果と今後の課題

（1）実践を通しての生徒の変化
　本単元を学習するまでは、食べたい料理を食べたい分だけ食べるという考え方であったが、校外学習で外食をした際に、サラダを食べるように気をつけたり、野菜がたくさん入っている料理を選んだという発言が聞かれ、栄養バランスについて気をつける様子がうかがえた。調理実習ごとに繰り返し学習していく中で、三色食品群の分類や材料の組み合わせにかかる時間が短くなってきており、栄養バランスについての知識も着実に身についてきていると感じる。将来、一人暮らしをする可能性のある生徒であるだけに、より高い意識がもてるように、今後も指導を重ねる必要性を感じている。

（2）家庭との連携、生活への還元においての工夫と課題
　生徒の中には、学校で調理実習をした料理をスクラップした手順書をもとに家庭でも作るようになった生徒が数名いた。自分自身で完成させるワークブックは、教師が準備して手順書を渡した場合に比べ、料理手順も含め実際に自分で書き込むという活動することもあり、調理に対する生徒への意識づけに効果があった。将来において、簡単な調理が自分でできることは生活の豊かさにつながる。調理を含め家庭科で扱っている内容は、その場その場での自分自身の判断を要する活動が多い。知的障害のある生徒にとって、自分で適切に判断し、自信をもって安全に家事的な活動をするためには、家庭においても繰り返し経験を積む必要がある。今後も、学校と家庭との連携を密にすることを念頭に、家庭でも活用できることを意識してワークシート等の作成を心がけたい。

　保護者の意見として買い物の失敗があげられた。家庭で調理をする際、材料を自分で買いに行くことはよかったが、必要な材料を買いすぎたり、家にあるものを購入したりすることがあった。本単元における調理実習は、教員があらかじめ必要な材料を準備して行った。家庭での般化を考えると、献立すべてで必要な分量を確認し、買い物をすることを学ぶ必要があると反省するとともに、家庭においても買い物をする経験を積む必要がある。一般的に食事を作るときも三色食品群に分類して作ることはほとんどないので、大まかな分類を頭に入れて野菜が入っていることを意識して料理を作ったり、主食、主菜、副菜の考え方を思い浮かべて食べる量を調節したりすることを学校だけでなく家庭でも意識して言葉かけしてもらうことが必要であると感じた。

（3）実践を振り返って
　高等部「家庭」は、将来の日常生活と直接関わりのある学習内容が多く含まれている。今回の実践を通して、知識面や技能面を育てることも大切であるが、自分自身で判断することの重要性を改めて感じた。身近なことから必要性を伝え、体験的な活動を通し繰り返し指導していくことにより、自己理解を含めその場に応じた適切な判断・行動ができるように、家庭と連携し取り組むことを意識した単元化をめざしていきたい。

高等部 「食」に関する事例④

健康な体と食生活
～働くために必要な体づくりについて～

沖縄県立美咲特別支援学校　教諭　平安名 利子

1．学校の概要と「家庭」の教育課程上の位置づけ

　本校、幼児児童生徒311名が在籍しており、通学区域は11市町村にまたがる大規模校である。本校は「障害による学習上又は生活上の困難を改善・克服し社会の変化に主体的、積極的に対応できる強い心を持ち、心豊かで、たくましく生き、自立し社会参加・貢献できる幼児児童生徒を育成する。」を教育目標としている。幼小中高の教育一貫校の特性を生かし、自立、社会参加に必要な基礎的・基本的事項の定着が図られるよう、新学習指導要領に基づいて教育課程を編成し取り組んでいる。沖縄県教育委員会指定研究（平成23・24年度）や沖縄県特別支援教育研究大会（平成26年度）、校内研修などでは幼児児童生徒、個々のキャリア発達を支援する視点をもち、主体的に活動する授業実践をめざして日々授業研究を行っている。

　本校高等部の教育課程は、職業自立をめざし社会生活に必要な能力を育てることを重点目標に、作業学習を主軸に置いて編成している。『家庭』は指導の重点を「被服、食物、住居などに関する基礎的な知識と技術について指導するとともに、家庭での役割や計画的な消費生活、有効な余暇生活の過ごし方について理解を促す」とし、日常生活の指導や生活単元学習、作業学習などの各教科等を合わせた指導や学校教育活動全体で展開されており、学校卒業後のよりよい社会参加に結びつけるための基礎教科として位置づけられ、学校生活のみならず、家庭生活に般化できる内容を精選しながら授業実践している。

　本授業実践事例は、作業学習を主軸とした高等部の家庭班で、卒業後の生活を健康で豊かなものにするための取り組みについて報告する。

2．単元の概要

（1）単元名　「健康な体と食生活～働くために必要な体づくり～」

　本校では、年間2回校内や産業現場等でそれぞれ2週間の実習を実施しており、教育課程でも生徒の自立した社会参加をめざすために、キャリア教育の重点として学習経験の積み重ねをねらいとした指導支援を展開している。そこで、将来の設計図を描き始めた高等部の生徒たちが、心身ともに健康に働くために必要な体づくりについて「食生活」の観点から学習することは、今後の社会生活を充実したものにできると考え、自らの食生活を振り返りつつ、一人でできる料理の調理技術を習得し、料理のレパートリーを増やすことで、家庭生活の充実や社会参加および自立への一歩となるであろうと考える。さらに、中学時代など、これまで学習してきたことを発展的内容で学び、成功体験活動を増やすことは、

「食生活」への意識を向上させ、知識や思考も深めることができ、自らの「健康な暮らし」と将来の「働くために必要な体」について、主体的に取り組める態度を養うことにつなげていけるであろうと考える。

（2）単元の目標

観点\ 目標	関心・意欲・態度	思考・判断	技能・表現	知識・理解
目標	栄養バランスに気をつけて食べようとする意識をもつ。	望ましい食生活を送る上で必要な基本的なことを学び、まとめることができる。	身近な食品を利用して、調理することができる。	食品の栄養を知り、組み合わせて食べることの大切さが分かる。

（3）生徒の実態

　授業対象の生徒は、高等部2年生作業学習家庭班の7名。軽度から中程度の知的障害を有する生徒である。就労に関していえば、ほとんどの生徒は、将来働いて生活していくということに意識が向きつつある。

　本単元を進めるにあたり、生徒の家庭へ1週間分の"食調査"の協力を得たところ、朝夕（昼食の給食を除く）の食事

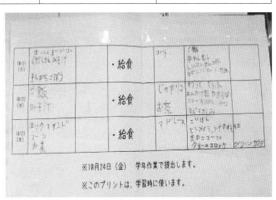

写真　1週間の"食生活"調査より

の中で、主食と副食のバランスを考えた献立がほとんどで、保護者の健康管理意識の高さがうかがえた。一方で、「朝食抜き」や「炭水化物ばかりの食事」「野菜を給食のときにしか食べていない」生徒もいることが分かった。知的障害の程度にもよるが、生徒たちは、中学までの学習により食物に関わる簡単な内容について「何となく分かって」いるが、「何をどのように食べる」から体によいのか、働くこと（体を動かすこと）と「食」の関係性など、実際の生活に結びつける意識や、そのための知識、技能、態度の定着までには至っていないこともあり、「食生活」に対する意識が低いことが分かった。しかし、生徒たちには「学習によって得た知識や技能が断片的になりやすく、実際の生活に応用されにくい」「ものごとを理解したり、身につけることに時間がかかる」「初めてのことや変化が苦手」「自分で判断することが苦手」「主体的に活動に取り組む意欲が十分に育っていない」など、各々が適応行動に課題を併せもっていることも要因の一つとして考えられる。

（4）題材について

① 栄養学習

　本対象グループの生徒たちにとって、栄養素や食品群などについて学ぶには実態に沿わないことが多い。さらに、体験の少ない生徒たちが知っている食品の種類は数少ないということもある。このため、用いる教材は生徒の実態に即し、イラストや写真など視覚的効果のあるものを活用しながら進めていく必要がある。また、自らの食生活を振り返る"食

2 高等部 「食」に関する事例④

生活調査"といった実体験資料を取り入れると、学習意欲の向上を望めると考えた。

② **調理学習**

　調理学習は、生徒たちが楽しみにしている学習の一つである。それは、これまでの経験により、得られてきたもので、多くの生徒たちは成功体験を味わうことのできた学習といえるだろう。さらに、調理学習は、生徒のまわりにいる保護者や教師、関係機関との連携もしやすくなり、より実生活に活かしやすい題材であるともいえる。「食べる」ために「調理する」といった見通しのもちやすさも調理学習のもつ大きなポイントの一つである。見通しのもちやすさから、主体的な活動を引き出すことができ、課題解決への一歩となるだろう。

（5）指導上の留意事項

　中学までの学習を振り返り、発展的な内容を精選することはもちろんだが、栄養学習の場合は、抽象的な内容が多く、単に机上学習を進めるには生徒の実態から、学習内容と実際の生活とが具体的に結びつけられにくく、適切なタイミングで導入しないと思うような学習効果は望めないと考えた。今年度、本校では2年に1度の運動会があり、高等部生においては、校内・産業現場等実習とも時期がほぼ重なっていた。毎日、沖縄の強い日差しの中で運動会練習を繰り返し、さらに実習に向けての取り組みなどが連日続き、生徒たちの体力、集中力の低下は一目瞭然だった。このような状況のときにこそ、体力の回復や集中力の継続など、将来働くために必要な知識が得やすい導入の時期とした。

　実生活に起こりうる事象をもとに、導入のタイミングを考え展開していくことがより、多くの知識が定着しやすく、振り返りの学習にも効果的だと考えた。

　調理学習の場合は、興味・関心の高い題材だけに、"楽しさ"だけに流されないよう、食品や道具を扱う学習で、安全や衛生の観点から、「日常生活の指導」が土台となっていることも押さえておくべき事項である。導入の時期には、衣服の着脱や排せつ後の手洗い、体調不良のときの過ごし方など調理学習と密接した様々な内容について、学級担任との情報交換、連携が必要となってくる。

　他にも、学習を進めるにあたり、学級や家庭との連携は不可欠である。試食時間に学んだことを給食の時間や家庭でも実践できるなど連携が取りやすく、生徒にとって振り返りの学習と継続した指導支援を展開するよう努めた。

3．活動の実際

（1）授業計画と指導の実際

段階	学習テーマ	主な学習内容・活動の様子・手立て
1次（3時間）	健康な体と食生活	【食事の大切さを理解する】 ○PowerPoint教材を作成しイラスト等で分かりやすく提示。生徒の興味・関心を引き出す。 ○画面の切り替えやアニメーションのタイミングで、生徒の自発的な発言を促し、主体的に考える力を引き出す。
2次（9時間）	三色食品群について（3つのパワー）	【食品の働きを分類する】 ○食べ物の働きと食品を3色に分け、それぞれの働きを示す。 【栄養新聞作り】 ○「車」に例えて学習の定着を図る（掲示物作成）。
3次（3時間）	食生活について	【1週間に食べた食事を分類する】 ○自分の"食生活調査表"をもとに、3つの色に分け、食事の栄養やバランスについて考える。 【理想的な食事を考える】 ○"食事カード"を用いてバランスのよい食事をイメージ実践する ○食材を提示 ○友達と一緒に考え、発表し学習の定着を図る。

2　高等部　「食」に関する事例④

4次 （3時間）	調理学習Ⅰ	【調理計画をたてる（献立、買い物、役割）】 ○障害の状態、学習内容の理解の程度を考慮し、ペアを組む。 ○「友達に教える」「友達から教わる」の関係性を活かす。
5次 （12時間）	調理学習Ⅱ	【理想的な食事の調理（3回）】 ○食材によって異なる扱い方を見本や手添え等、支援の介入を実態別に行う。 【インスタント、レトルト食品を使った調理（1回）】 ○調理前に、3つのパワーについておさらいし、足りていないパワーを見つけ出す。
6次 （3時間）	ビデオ学習	【望ましい食生活について】 ○具体的イメージで、学習の振り返りや定着を図る。

＊授業は、MT 1名、ST 1名（他教科教諭）で行った。

（2）単元の評価計画

段　階	個別の指導計画をふまえた評価の観点
1次	・食事の役割について理解できたか。
2次	・食品の働きを三色に分類できると分かったか。 ・それぞれの色がもつ働きについて分かったか。
3次	・普段の食事を三色に分類できたか。 ・食事写真を参照しながら、理想的な食事を考えることができたか。 ・友達と協力して、考えることができたか。
4次	・バランスを考えた献立を決めることができたか。 ・公共マナー、交通ルールを守り、計画通りに買い物ができたか。 ・友達と協力して、活動に参加できたか。

5次	・扱う食品に応じた調理技術を知り、実践できたか。 ・インスタント、レトルト食品の扱い方を知ったか。 ・栄養のバランスを考えてインスタント、レトルト食品を扱えたか。
6次	・不適切な食生活を送った場合の体への影響を知ることができたか。

＊客観的な評価規準を設けることで、STと統一した指導と評価ができる。また、目標達成に向け、生徒の理解度が分かりやすくなり、PDCAを踏まえた授業展開を図ることができる。

4．指導上の工夫

　指導を進めるにあたり、最も考慮した点は、生徒たちの経験の少なさであった。栄養学習を取り入れるにも、調理学習を進めるにも、生徒たちが食事や食材の具体的なイメージをもつことができていないと十分な定着に至ることが難しい。そこで、インターネットからの無料素材を使用したプリントやPowerPoint教材を作成したり、市販教材を学習に活かすことで、生徒たちがより具体的にイメージをもって学習に参加できる手立ての一つとした。

【使用教材】	○食材・食事教材……ゲーム感覚で、楽しく学べる教材として選択した。 「たのしい食育教材　実物大そのまんま料理カード～手軽な食事編～」 （株）群洋社
	○ビデオ学習教材……より具体的な食生活をイメージできる教材として選択した。 「楽しい栄養博士」（株）開隆堂 「スーパーサイズ・ミー」　販売元：ＴＣエンタテイメント

5．成果と今後の課題

　授業を進めていくうちに、授業以外の場面でも、「この食べ物は赤パワー？」などと、楽しげに話をすることが増え、保護者からは連絡帳を通して「家で簡単な料理にチャレンジしました」と報告を受けた。単元を通して、食事が体に与える影響についてや、将来のための食生活について、生徒自ら考える態度が身につきつつあると実感し、家庭と連携が図れた学習であったと、その成果を感じた瞬間であった。

　食生活を学び、実生活に活かすには、食材に適した調理法や保存法を学ぶなど、まだまだ多くの領域を残しているが、基礎を大切にする考え方や取り組みが、結果的に「将来の暮らし」へとつながっていく。教師も保護者も生徒たちの有する障がいに流されずに、気長に根気強く、将来のよりよい「暮らし」を整えるきっかけとして、学習を役立てていきたいものである。

高等部 「食」以外に関する事例①

家庭の授業において一人一人が主体的に学ぶ
~「見る・気づく・考える」を生活に生かす実践~

東京都立白鷺特別支援学校　主任教諭　小野　恵美子

1．学校の概要と「家庭」の教育課程上の位置づけ

　本校は、東京都の東部にある江戸川区に設置された知的障害のある生徒が通う特別支援学校であり、中学部と高等部が設置されている。平成26年に同区内に鹿本学園(肢体不自由部門小・中・高学部、知的障害部門小・中学部)が開校し、本校設置の中学部が段階的に移行し、平成28年度より高等部単独校になる予定である。平成26年度は、中学部は2、3年生の2学年となり、14学級71名、高等部は30学級210名であり、合わせて281名の生徒が在籍している。

　本校の学校目標は、「たくましい心と体を培い、健康でやりぬく力をもつ生徒」「自ら進んで学び考え、主体的に行動する個性輝く生徒」「自然や社会に関心をもち、思いやりと規範意識をはぐくみ、心豊かに生活する生徒」であり、生徒が社会で生きて働く力を養い、社会参加・自立の実現をめざしている。特に高等部3年間の家庭の授業においては、卒業後の自立した生活を見据えた授業計画を立て、一人一人の生徒が主体的に授業参加できる環境を整備し、教材・教具の工夫を図りながら、進めるようにしている。また、授業改善分科会等での教員間での情報交換を通して、学部間連携や他学年連携も図りながら進めている。

2．単元の概要

(1) 単元名
　「なぜ、衣類の汚れが落ちるの？ ~洗濯洗剤の働きを知ろう~」　(高等部2年生)

(2) 単元目標
・一つ一つの実験を観察し、自分のことばで結果が説明できる。
・実験の結果から、洗濯洗剤の働きを考えることができる。
・洗濯に関心をもつことができる。
・洗剤の種類や使用量に関心をもち、環境問題にも意識を向けることができる。

(3) 生徒の実態
　本校高等部は、重度・重複学級と普通学級があり、普通学級は高等部1年生から以下の3つに教育課程を類型化している。
・職業類型：働く力・自立する力の育成を図り、職業自立をめざす
・移行類型：柔軟性や社会性を育て、社会生活に必要な基礎技能や態度の育成を図ることをめざす

・生活類型：身辺自立の確立、基礎的な生活習慣や生活技能の育成とコミュニケーショ
　　　　　　ン能力の育成を図ることをめざす

　本グループは、職業類型16名（２クラス）で構成されており、全員が企業就労を希望し、自立に向けての意識をもって学校生活を送っている。中学校の通常の学級を卒業して本校に入学した生徒が半数近くおり、知的障害の軽度の生徒のグループである。基本的な内容は、言語指示のみで理解でき、グループ構成を配慮すれば、話し合いで様々なことを決めることもできる。また、活動に対しては関心が高く、意欲的・積極的に取り組むことができる。

（４）題材について

　高等部２年生の後期になると、現場実習（Ⅰ期・Ⅱ期）や職場見学等を終え、生徒たちは進路に向けての知識を深め、自立について少しずつイメージがもてるようになる。自立するために必要なこと（力）を理解し、意識するようにもなる。それと同時に、「食」特に調理に関しては、生徒たちの関心も高く、学校での調理実習、家庭での取り組みにより、得意不得意はあるものの経験する機会が多くなる。その反面、「衣・住」に関することは、家庭の授業だけでは必要な内容を指導するのが難しい。また、多くの生徒が課題となる被服の取り扱いや衛生面に関しては、家庭での経験により個人差が大きい現状がある。しかし、被服の取り扱いや衛生面も食生活同様に自立した生活を送る上では大切な内容である。

　そこで、本題材の洗濯洗剤の実験を通して、日常生活で使用している洗剤の働きについて知り、被服の取り扱いや衛生について関心をもつ機会をつくった。また、今後の生活の中で、生徒たち一人一人が自分の身近なものに今以上に関心をもち、疑問を解決する楽しさを知り、より有効に活用することができるようにと考えた。

（５）指導上の留意事項

・全体指導では、道具の扱いや実験の方法を具体的に提示し、言語指示だけでは理解が難しい生徒が手順を理解できるようにする。
・グループは、生徒の実態をふまえて４名程度とし、グループ内で意見をやり取りして、まとめられるようなメンバー構成とした。また、一人一人が実験に主体的に参加できるように生徒の実態を配慮して、グループを構成する。
・表出言語が少なく、正確に説明することが難しい生徒は、教員が１問１答式で質問しながら説明を整理することで、観察した状況をより具体的に言語化できるようにする。
・実験結果の予想、実験結果とワークシートに記入しながら、実験を進めていけるようにワークシートの様式を工夫する。
・実験結果がうまく観察できなかった場合は、もう一度やり直して観察できるように時間を確保する。

3．活動の実際

学習内容	指導の手立て・工夫	準備物等／備考
【導入】 ・挨拶をする。 ・今日の流れと目標を確認する。	・適切な挨拶の方法（音を立てずに椅子を入れること・声の大きさや姿勢）を事前に口頭で確認する。 ・活動内容をカードで提示する。 ・本時の目標を記入する。	・活動カード ・目標カード
【展開】 ・洗剤の働きについて考え発表する。 （全体活動） ・洗剤の働きについての実験方法を知る。 （グループ活動） ・道具や材料を準備する。 ・ワークシートを見て、実験を進める。 ・予想・結果を記入しながら実験を行う。 ・友達のまとめ方を参考にしながら、ワークシートに結果や洗剤の働きを記入する。	・洗剤の容器やコマーシャルを思い出すように促す。 ・一斉指示により、実験の道具や材料を提示し、ワークシートの順に方法を説明し、理解を促す。 ・実際の実験は行わず、実験方法のみの理解を促す。 ・グループで相談し、役割を決めるように促す。 ・T1、T2でグループを回り、実験結果を確認する。結果の説明を口頭で確認し、グループ全員の意見を取り入れた内容にまとめるようにする。	・洗剤の容器 ・コマーシャルの宣伝内容 ・ワークシート ・ビーカー、撹拌棒、スポイト、トレイ ・洗剤液、水、フェルト、布、すす、ごま油 ※毛糸
【まとめ】 ・洗剤の4つの働きについて確認する。 ・洗剤の表示について知る。 ・自分の家の洗剤に関心をもつ。 （宿題） 自分の家で使っている洗剤を調べる。	・浸透作用、乳化作用、分散作用、再汚染防止作用という言葉を伝え、働きについて説明し、理解を促す。 ・洗剤の表示を知り、家で使用している洗剤に関心をもつように促す。	・洗剤の働きカード ・洗濯洗剤

4．指導上の工夫

・実験用器具の扱いについては、慣れていない生徒もいるため、授業のはじめに説明し、実験の方法も実際に提示し、理解を促した。
　その上で、生徒一人一人が実験に主体的に参加し、観察したり、意見が言いやすいように1グループを3～4名程度で構成した。

・道具や材料は、以下のとおりである。知的に軽度の生徒が多く、中学校等で扱ったことのある実験用器具を使用することで、生徒たちの学習意欲を高められるようにした。

・ビーカーや撹拌棒がない場合は、使い捨てのプラスチックコップ（凸凹がなく、透明なもの）や割り箸等、代用できるものを使用した。

・フェルトに液体をたらす実験では、習字用のスポイトを使用した。撹拌棒等に付けてたらすことも可能だが、スポイトの方が生徒たちは扱いやすい。

【道具】
・ビーカー（200ml）　　2個
　またはプラスチックコップ（凸凹がなく透明なもの）
・撹拌棒　または　割り箸　1本
・スポイト　　　　　　　　1個
・トレイ　　　　　　　　　1枚

【材料】
・洗剤液　　　450ml（150ml3回分）
・水　　　　　450ml（150ml3回分）
・すす　　　　少々
・ごま油　　　数滴
・フェルト　　4cm角程度のもの
　（ウールが含まれているもの）
・白布　　　　4cm角程度のもの
　（綿素材とタオル素材）
・毛糸（ウール100%）　15～20cm程度

・浸透作用実験で使用するフェルトや毛糸は、ウール混合のものを使用する。ポリエステル100%のものを使用すると、水を吸水してしまい、実験結果が明確にならないことがある。フェルトの色は黒等の濃いものが見やすい。
　また、布は綿素材のものであればよいが、タオル地のものを使用するとより浸透作用の結果が分かりやすい。

・浸水作用実験は、基本的にはフェルトとタオル地の布で、結果は明確になるが、生徒によっては、毛糸（4本に束ねて軽く結んだもの）を浮かべる実験の方が分かりやすいこともある。生徒の実態によっては実験を加えたりすることもある。

・すすは、美術用品店で扱っている木炭精粉（伊研No.12）を使用した。粉状になっており、扱いやすく、実験結果が明確である。

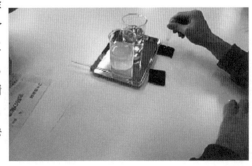

3　高等部　「食」以外に関する事例①

- 乳化作用実験で使用する油は、ごま油を使用した。サラダ油でも可能だが、ごま油の方が色が付いているため、生徒には変化が分かりやすい。
- 再汚染防止作用実験では、さらし木綿を使用した。すすの汚れが見えやすい薄目の色の布を使用するとよい。
- ワークシート（下）は、予想、実験、結果と記入しながら実験が進められるような形式にした。

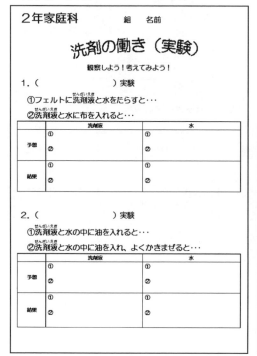
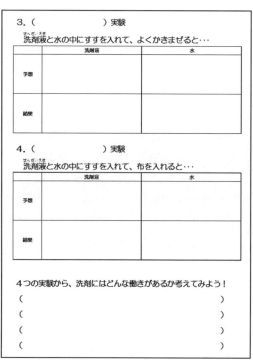

- 個別に予想を立てた後、グループで話し合う時間を設定し、予想を立てるのが難しい生徒が、友達の意見を聞く機会をつくった。
- まとめとして、界面活性剤、浸透作用、乳化作用、分散作用、再汚染防止作用の言葉も伝え、洗濯洗剤の表示に書かれている内容にも関心がもてるようにした。また、宿題として、自分の家で使用している洗濯洗剤の表示を調べ、自分の身近なものや生活に関心をもつ機会とした。
- 今回の洗剤実験で洗濯への関心を高め、3年生で行う洗濯実習につなげられるようにした。

5．成果と今後の課題

（1）生徒の変化
　生徒の中には、理科が好きな生徒も多く、科学的な内容に興味・関心をもっている生徒も少なくない。本校の高等部では理科の授業がなく、また、生徒によっては、中学校であまり実験を経験していない生徒も多い。しかし、生徒たちは、理科、特に実験に対しては関心が高く、「やってみたい」という意欲もあり、本授業においては一人一人の生徒が、大変意欲的に、いつも以上に積極的に取り組めた。
　また、家庭において洗濯に取り組んだことや現在使用している洗剤を話題にすることが増え、本授業後、身近なものへの興味・関心が高まっている。

（2）課題
　生徒の実態や特性によっては、予想を立てることや結果を言語化することが難しい生徒がいた。ワークシートの記入方法を記述式のみではなく、写真や絵を利用した選択肢にする等の工夫が必要である。
　また、家庭において様々なことに関心をもって家事に取り組む機会も増えているが、生徒一人一人が自分の身近なものにさらに関心をもって、疑問を解決する力をつけられるような授業計画が必要である。

（3）今回の実践から
　特別支援学校の高等部3年間の指導では、「自立」を意識した授業計画を立て、日々の指導にあたっている。この指導のためには、3年間という限られた時間の中で、何を優先して指導するかを選択しなければならない。そのため、「自立した生活を送るために必要なこと」からのトップダウンの視点での指導が中心になりがちである。私自身、「これだけはできるようになって欲しい」という思いが強くなり、繰り返しの指導が多くなっている。この視点での指導は、大変重要であると考える。しかし、「自立」するためには、自分で考えたり、気づいたりして、創意工夫する力も必要であると考える。
　今後は、繰り返し取り組むことで生徒の力をさらに伸ばす授業と、生徒自ら考え、気づき、工夫や応用ができる授業を計画し、実践していければと考えている。

3 高等部 「食」以外に関する事例②

被服　ティッシュボックスケースを作ろう
~布製品の製作で日常生活を豊かにしよう~

東京都立青鳥特別支援学校　教諭　上床 恭子

1．学校の概要と「家庭」の教育課程上の位置づけ

　本校は、昭和22年に日本で最初の知的障害のある児童生徒に対する教育を行う学校として開校し、平成26年度で68年目となった。現在は高等部単独校で、平成19年度から教育課程の類型化を行っている。

　障害の状況に応じて、職業自立類型、職業技術類型、職業基礎類型、生活自立類型、という4つの教育課程によって学級編成や授業を実施し、生徒の卒業後の自立に向けた教育を行っている。

　「職業自立類型」では、自立した社会人としての働く態度や意欲の育成。

　「職業技能類型」では、社会人として働くために必要な技術や態度の育成。

　「職業基礎類型」では、社会人として働くための基礎力の育成。

　「基礎技能類型」では、身辺自立の充実を目指し、日常生活の指導を行っている。

　本校の「家庭」の授業は、各学年、各類型に分かれて、週2単位、年間70時間の授業を行っている。調理と被服の分野を中心に年間指導計画を組み立てている。

　調理では、1学年は「朝食」、2学年は「昼食」、3学年は「夕食」の献立を中心に実習を行い、3年間で1日分の食事を作れるように学習を組み立て実施している。調理に関する知識と技術を身につけるとともに、食事それぞれの位置づけや重要性、栄養についても学習できるように配慮している。また、1日分の食事を作れるようになることは将来自立した生活を送る上でも非常に重要な技術であると考えている。

　被服では、基礎縫い、ミシン縫い、ボタン付け、アイロンかけの技術習得をめざしている。具体的には、1学年はティッシュボックスケースの製作、2年生では行事や他の教科と関連した衣服・衣装の製作、3年生では、卒業後の生活に活かせるバックの製作を行っている。これらの作品の製作を通して日常生活を豊かにするとともに、卒業後の身だしなみや衣服の修繕等に活かしていくことをねらいに取り組んでいる。

2．単元の概要

(1) 単元名

「ティッシュボックスケースを作ろう」（高等部・1学年）

(2) 単元目標

○生活を豊かにするものを自分で製作する楽しさを味わう。

○はさみ、針、アイロン、ミシンなどの使い方が分かり、安全に扱う。

○被服製作を通して、日常生活に活用できる技能を習得する。

（3）生徒の実態

　対象は、職業自立類型の男子17名、女子7名の24名である。24名のうち、自閉症8名、ダウン症1名、先天性中枢性低換気症1名である。職業自立類型とは本校の中では一番障害の状況が軽度の生徒のグループ（企業就労や就労移行をめざしていく類型）で、全体への口頭指示で活動を行える生徒がほとんどだが、約2割の生徒に対しては個別の支援・言葉かけが常時必要である。

　最初の調理実習では、大半が意欲的に取り組むことができた。料理経験が豊富な生徒や、料理教室に通っている生徒もいる。しかしながら中学校と環境が違う中で、これまでに習ってきたスキルをすぐに発揮することが難しい生徒も多くいる。エプロン、三角巾のつけ方や手の洗い方など、基本の部分から確認を行い、指導していくことが必要である。24名の中での力の差が大きく、力量を考慮して班の構成を行い、実習している。

　被服では、刺繍を長く体験してきた生徒が多くいるが、ミシンやアイロンの扱いには不慣れな生徒が多い。ミシンやボタン付けに関しては、使い方や付け方を知っている生徒はほとんどいない。そのため基礎的なことから説明し、学習する必要がある。

（4）単元観

　1学年の被服は、2、3学年に向けて、基礎縫い、ミシン縫い、ボタン付け、アイロンかけの基礎的な知識と技術の習得をめざし、ティッシュボックスケースの製作に取り組んでいる。ティッシュボックスケースは、直線が多く、初めてミシンを使う生徒にとって取り組みやすい課題である。アイロンがかけやすく、ボタン付けも活動内容に取り入れることで、高等部で身につけたい被服のスキルの導入に非常に適しているといえる。生活の中で欠かせないティッシュボックスのケースを、自分が選んだ布やボタンを使い、愛着を抱きながら製作し、身近に使うことにより、自分で製作したことを実感し、達成感を味わい、自己肯定感を高めることにつなげていきたいと考えている。

　材料の布やボタンは学校で統一したものを購入するのではなく、各家庭で準備をしてもらっている。思い出のランチョンマットや自分で刺繍をした布など、思い入れのある布を準備してくれたり、一緒に選んで準備してくれたりと、布に物語が生まれ、それぞれの思いやエピソードがあるティッシュボックスケースが製作できると考えている。

　作り方は、生徒が分かりやすいように、工程の簡略化を行っている。ミシンに一定の幅で縫える補助具を付けて、縫う印を最小限にする工夫をし、その他に、リボンやボタンの付け位置などは、工程が進んでから印を付けて、生徒が印の意味や位置を理解しやすいように配慮している。

　生徒24名に教員が3名で授業を行っているため、次の工程への待ち時間が多くなってしまったり、進度に差が出てしまったりすることが予想される。その待ち時間を有効に活用するために、一方で「布巾の製作」も行う。生徒の活動量を確保するとともに、手縫いで製作することで基礎縫いの技術も高めていけると考えている。

3．活動の実際

学習内容	指導の手立て・工夫	準備物／備考
【単元導入】 「ティッシュボックスケースの見本提示」 「被服の道具の理解」 ティッシュボックスケースを作るにあたり、使用する裁縫道具の名称・使い方・注意点などを学ぶ	実際に使う裁縫道具を準備する。ミシンは前の机に準備し、針や糸切はさみなど、数が用意できるものは、それぞれに配布して説明を行う。道具の写真の横に、名称と使い方を記入できるように作成したワークシートを用意し、物と名称が一致しやすいようにする。	・ティッシュボックスケースの見本 ・裁縫道具 ・ミシン ・アイロン ・アイロン台 ・プリント
【被服製作のスタート】 ①作り方の説明	見通しをもちやすくするために各作業工程の見本を、手順表や写真カードで示して説明する。各工程で使用する道具をカードで別途提示し、作業上の注意点も合わせて確認する。	・作り方の手順表 ・各工程の見本 ・道具のカード
②布にアイロンをかける	アイロンは2台使用し、順番にかける。やけどなどの危険があるため、教員が注視する。	・アイロン ・アイロン台
③布を40cm×40cmに切る	型紙を使い、チャコペンで印を付ける。様々な色や模様の布にも対応できるよう、チャコペンは2色用意しておく。裁ちばさみは2丁用意し、順番に使用する。その際、教員が注視する。	・型紙（40cm×40cm） ・チャコペン2色 ・裁ちばさみ
④ボタン付けの練習をする	大きいボタンと針の見本を使用して説明する。糸は毛糸を使い、見えやすくする。MTが前で見本を示しながら説明を行い、ST 2名が机間巡視をしながら、進めていく。 まち針は、1人3本配布する。	・見本用布、ボタン、針、糸 ・生徒用布、ボタン、針、糸、 ・裁ちばさみ
⑤まち針で布を合わせる ↓ ミシンで縫う	2枚の布を合わせて、3本のまち針を留める順番を説明する。ミシンは2台使用し、1台ずつ教員がつく。	・まち針 ・ミシン ・糸切ばさみ

⑥裏返し、アイロンをかける	布を裏に返し、アイロンをかける。裏に返してから、アイロンに並ぶようにする。そうすることで、アイロンに要する時間を短縮する。 アイロンは2台使用し、教員が注視する。	・アイロン ・アイロン台
⑦まち針を留めて、底をミシンで縫う	3本のまち針を留める順番の説明をする。ミシンは2台使用し、1台ずつ教員がつく。	・まち針 ・ミシン ・糸切ばさみ
⑧リボンを付ける	準備したリボンの長さの型紙に合わせて印を付け、切れるようにする。教員は印の確認を行い、切るのを注視する。リボン付け位置用の型紙を用い、印を付けやすくする。ミシンは1台使用し、教員がつく。	・リボンの型紙 ・リボン付け位置用の型紙 ・ミシン ・糸切ばさみ
⑨ボタンを付ける	最初に全体で学習をしているので、リボン付けが終了した生徒から個々に取り組んでいく。	・チャコペン ・ティッシュボックス ・ボタン・針・糸 ・糸切ばさみ

（表面）　　　　　　　　　　（裏面）
ティッシュボックスケースの完成品

3　高等部　「食」以外に関する事例②

4．指導上の工夫

（1）授業形態・配置図
- 安全管理の面から、ミシンやアイロン使用時には必ず教員がついて注視し、把握する。必要に応じて、言葉かけ、支援を行う。
- ミシンやアイロン、裁ちばさみを使うときは、それぞれのテーブルに並ぶようにして、順番に使用する。
- 進度が遅い生徒は、STが支援する。
- 示範時は、前の机に集まり話を聞く。

（2）指導方法
- 安全面について毎回の導入で確認をする。
- 同じ教材を使用して、本時の工程の示範をしてから実習に入る。
- ミシンやアイロンは合わせて3台しか使用できないため、ミシンやアイロンを待つ時間がある。その待ち時間を使用して、手縫いで進められる「布巾の製作」を行う。
- 教室がじゅうたん張りであったため、授業終了時に針の数の確認を行うとともに、生徒退去後、磁石を使って床に針が落ちていないか点検を行う。
- 欠席などで進度が遅れている生徒には、MTが示範を見せ、実習の様子はSTが見守るようにする。授業時間内に、終わらない生徒に関しては、担任や家庭と連絡を取ったうえで放課後等を利用し補習を行う。

（3）教具の工夫
- ミシンでは、針の横に色紙を長く貼り、布の端と色紙の端を直線で合わせるようにすることで、同じ幅でまっすぐ縫うことができ、縫う線の印付けが不要になる（写真1）。
- 1人1枚、布に記名をしてまち針3本と縫い針をその布に挿し、毎授業開始時に配布し、終了時に回収することで、針の管理・確認を行いやすくなる。

写真1

5．成果と今後の課題

（1）「自分で作った」「ミシンで縫った」という実感
　製作途中、ティッシュボックスケースに記名はしなかった。それでも、全員が間違えることなく自分のティッシュボックスケースを選び、友達のものもみんなよく分かっていた。

それだけ自分のものに愛着をもって、作品作りを進めていたということがうかがえる。
　ミシンを使った経験がない生徒が多く、ミシンの操作に不安を抱いていた生徒もいた。最初は、視覚の手順表に加え、操作の言葉かけや手を添えるなどの支援が必要な生徒がほとんどだったが、ミシンを繰り返し操作していく中で、半数の生徒が手順表のみで操作できるようになり、残りの生徒も少ない言葉かけで操作ができるようになった。そして、最終的には全員の生徒が自分でペダルを踏み、ミシンで縫い、作品を完成させることができた。出来上がった後の感想文では、「ミシンは難しかったけど、縫えてうれしかった。」、「ミシンで縫うのはドキドキしたけど、やってみると楽しかった。」などと書いている生徒もいた。これまでにあまり経験したことがなかったミシンを使って縫い、作品を完成させることで「ミシンで縫えた」という自信がつき、「自分で作った」という達成感を味わうことができたと感じている。

（2）定着する難しさ
　ボタン付けは、進み具合に差が出る前に付け方の練習を一斉で行った。生徒全員が１人でボタン付けができるようになるまで繰り返し学習をした。しかし、いざ本番のティッシュボックスケースに付けようとしたときに、多くの生徒が１人でボタン付けができないという状況が生じた。そのため、本番のボタン付けの前に再度説明を行い、練習をしてからボタンを付けるという進め方をせざるを得なかった。以前に学習したときにはボタン付けができるようになっていたのに、時間が空いてしまうと不確実になってしまうという現状に、技術を定着させる難しさを感じた。３年間の学習指導計画の中で、どのように技術を定着させ、卒業後の生活に活かしていけるようにするのか。このことは大きな課題だと感じた。

高等部 「食」以外に関する事例③

清潔に保とう
~衣服の品質と手入れ~

鳥取県立白兎養護学校　教諭　田村 真千子

1．学校の概要と「家庭」の教育課程上の位置づけ

　本校は、鳥取県の東部に位置し、小中学部と高等部合わせて173名が在籍している。学校の教育目標として「人とかかわりながら自立と社会参加に向けて努力する子どもの育成」を掲げ、学力（生きる力）の向上を本年度の重点目標の一つとしている。そして、キャリア教育の視点をもった授業づくりに取り組んでいる。「家庭」は、生きる力の大きな柱の一つである「生活する力」そのものを扱う教科であり、その知識や技能は、卒業後のよりよい家庭生活、社会参加へ直結するものである。

　高等部では、生徒の実態や目標に応じてレインボー、スカイ、リバー、シーの4つの教育課程を設けており、単一障がい学級であるリバー、シーコースで各学年、週2時間の家庭科を、教育課程上に位置づけている。高等部の家庭は学習指導要領によると「家庭の役割」「被服」「食物」「住居」「道具・器具等の取り扱いや安全・衛生」「消費と余暇」「保育・家庭看護」が観点となっているが、本校では、家庭科の学習内容としてそのほぼすべてを取り上げて実施している。成長期の栄養と食事、献立の立て方などは、栄養士の話を聞くこともある。また、小中学部、高等部においては生活単元学習等の中で、「食物」に関する内容である調理を主とした実習を、中学部、高等部においては作業学習（手芸、清掃、クリーニング）の中で、「住居」や「被服」に関する内容を取り上げている。

2．単元の概要

（1）単元名
　「清潔に保とう」（対象学部：高等部1年　シーコース）（全4時間）

（2）単元目標
　清潔でさわやかな衣生活を送るために必要な衣服に関する知識や技能を身につける。

（3）生徒の実態
　平成26年度高等部1年シーコースは8名で、地域の中学校の知的障がい学級から進学した生徒が7名、本校中学部から進学した生徒が1名である。知識や生活経験が豊かな生徒もいるが、洗濯物を干すことは1カ月に1回くらい、洗濯のときにポケットの中身を確認するのは時々など、家事は家族まかせとなっている生徒がほとんどである。また、洗剤や洗濯、アイロンかけ、ポリエステルなどの言葉は知っていても、説明できなかったり、理解があいまいであったりすることも多い。身だしなみや衣服の管理について課題のある生徒もいる。一方、学習意欲はあり、2時間連続の家庭の授業にも熱心に取り組む生徒たち

である。
(4) 単元について

　家庭の学習内容の中では、小中学部、高等部と調理にかかわることを扱う回数が多く、「食」については関心が高いが、家庭のその他の分野ではあまり関心が強くない。卒業までに段階的に積み上げる学習や、実践的・体験的な活動により定着を図ることをめざし、高等部の家庭では3年間でそのほぼ全分野を、年間計画に組み入れて実施している。まずは、自分の身近なところから、あいまいな知識や情報を正しく整理していくことで、高等部シーコースの目標「状況に応じた自己選択・自己決定ができ、積極的に社会参加をしていく態度を養う」を達成するための基礎的な力をつけることができると考える。

　本単元に関連しては、被服に関する知識や技術を学年を追って段階的に積み上げながら体系的に学ぶことで、より被服の扱い方についての力が身についていくと考えて設定した（表1）。

　本単元では、自分たちが着ている服の取り扱い絵表示に着目して、そこから分かる情報をもとに、衣類の組成、布に合った洗濯の仕方、衣類に合った洗剤の選択、洗濯機の使い方、干し方のコツ、アイロンかけのコツと安全への配慮について順々に関連した事項が学べるように取り上げた。実物の提示や演習、クイズなども交え、順序よく段階的に考えながら学習を進めていくことで、自分の衣生活について関心をもち、衣服を清潔に保つために、将来日常的に洗濯機やアイロン、洗剤や漂白剤の使用ができるようになり、さらに、清潔に衣服を保って生活すると「快適である」「生活が向上する」という快体験や実感につながると考えた。

表1　鳥取県立白兎養護学校高等部シーコース「家庭」被服に関する内容について

学年	内容	ねらい	備考（時数）
1	・手縫いの基礎 ・小物の製作	玉結び、玉止め、波縫い、ボタン付けなど、裁縫の基礎技能を身につける。	4～5月（10）
	・布の種類と性質 ・品質表示	清潔な衣生活を送るために必要な衣服に関する知識や技能を身につける。	10月（4）
	・衣類の手入れ（洗濯、アイロンかけ）		
2	・衣服の管理（整理、収納、クリーニング）	衣服の管理や保管についての知識や技能を身につける。	4月（4）
	・TPOに合わせた服	季節や場に応じた服装を知る。	7月（1）
	・ミシン縫いの基礎 ・小物の製作	ミシンの取り扱い方に慣れる。 安全に留意し、自分の作りたいものを作る。	9～10月（10）
3	・リフォーム製品作り	手縫いやミシンを利用して自分の作りたいものを工夫して作る。	9～10月（12）
	・衣類の管理と手入れ（洗濯、アイロンかけ、布団干し、靴の管理、補修）	清潔でさわやかな衣生活を送るために必要な衣服に関する知識や技能を身につけ実践しようとする。	11月（6）

3　高等部　「食」以外に関する事例③

（5）指導上留意したこと

・ねらいの達成にあたって、実践的、体験的な学び方を中心に取り入れた。
・自分の生活に結びつけることを念頭に置き、身近にある衣服や素材を実際に見て触って感じること、今までの経験から学んだことを生かして考え、分類することで課題意識を高めることを大切にした。
・ワークシートを活用することで、学んだこと、大切なことを分かりやすく整理したり再確認しやすくしたりすることができるようにした。
・視覚的に分かりやすい板書、実物を中心とした材料の提示に心がけ、話す、読む、聞いて書く、写す、手を動かす、考えて話し合うなど、多様な活動を取り入れ、学習への集中が持続するよう2時間連続の学習内容の構成を工夫した。
・STと、ねらいや学習展開、安全への配慮について共通理解をした。

3．活動の実際　※対象学部　高等部1年　シーコース　（全4時間）

時間	学習内容	指導の手立て・工夫	準備物等／備考
1・2	1．品質表示、布の種類や性質を知る。 （1）服や小物を布の種類ごとに分ける。 （2）繊維の種類と特徴を知る。 （3）服のタグ※を探し、書いてあることをワークシートに写す。 （4）取扱い絵表示、品質表示の記号の意味を知る。	・クイズ形式で、友達と一緒に考え、分けて置く。 ・一つ一つのものを取り上げて解答し、ワークシートにまとめる。 ・項目を示し、ワークシートに写す。 ・絵表示を見なかったら、布が縮んだり傷んだりすることを具体的に伝える。	・いろいろな素材の服や小物 ・綿、ポリエステル等書いた札　★A ・布や繊維のサンプル 　★A　★B　★C ・ワークシート　★C ・セロハンテープ ・自分の服 ・ワークシート　★C
3・4	2．衣類の手入れの仕方を知る。 （1）いろいろな洗剤のなかま分けをし、洗剤の種類、洗濯の仕方を知る。 （2）洗濯ものの量に合わせた計量の仕方を知り、実践する。 （3）給食用白衣を干す。 （4）アイロンかけの目的、留意点を知る。 （5）バンダナにアイロンをかける。	・なかま分けの理由を考えることで、布に合った洗剤があることを知る。 ・表示のどこを読めば分かるか具体的に示す。 ・指定された量が、さっと計れるように、繰り返す。 ・クリーニング班の二人に見本を示してもらい、形を整えることを示す。 ・実物を見ながら、ワークシートに記入する。 ・高温は、200度になることを伝え、やけどに注意し、安全に演習できるようにする。	・いろいろな種類の洗剤 ・ワークシート ・洗面器、洗剤の計量スプーン人数分、もみがら　★D ※洗濯室への移動 ・ワークシート　★E ※被服室へ移動 ・アイロン ・アイロン台 ・バンダナ

※ 服のタグには、家庭用品品質表示法に基づく品質取り扱い等のタグと、サイズ、色、商品番号等の商品タグがある。

評価については、実習や演習への参加や実技のようす、手順や課題を意識し、自分の生活との結びつきについて考えようとしているか、新しく知った知識や言葉を使おうとしているか、安全への配慮ができているかなどを観点とした。

4．指導上の工夫

(1) 課題意識を高め、考える力を養う（★A）

素材と名称とをマッチングするクイズ形式を取り入れた（**写真1**）。生徒は、布を触り、友達と相談して答えを導いていた。「これは？」と自分のハンカチや制服を見て、タグを探そうとする生徒もいた。「答えを見たらだめ！」と発言する生徒もおり、すでに品質表示について意識が向いていることがうかがえた。

写真1　素材と名称のマッチング

(2) 実物に触れる（★B）

できるだけ実物を準備するようにし、本物に触れ、体感することで、言葉や事物への理解を深めることをねらった。絹は、繭の実物を触らせ、繊維の軽さや細さ、やわらかさを実感できるようにした（**写真2**）。絹のスカーフと比べてみて、素材の軽さや気持ちよさを感じた生徒、繊維になる技術について思いを馳せた生徒もいた。

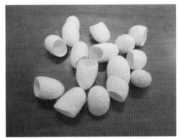

写真2　繭の実物に触れる

(3) 言葉と実物を結びつける（★C）

麻、ナイロン、アクリルについては、実物を切って各自のワークシートに貼り付け、見て触って特徴を実感できるようにした。ワークシートを参照に、繊維の特徴などを解説しながら、一つ一つ確かめるようにした。

また、自分が持ってきた衣服のタグに着目して、その中の絵表示をワークシート○印に描き写し、それぞれのマークの意味を調べ記入した（**写真3**）。自分自身の衣服への愛着が高まるとともに、小さなタグに、サイズ表示、布地の種類、組成、業者名や電話番号、製造者、原産国表示など多くの情報が載っていることを知り、タグを見れば衣服についてのいろいろな情報が得られるということに気づくことができた。

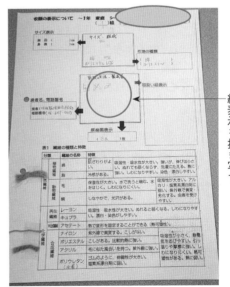

写真3　ワークシート
（ワークシート中の表1　繊維の種類と特徴については『新家庭総合』（実教出版）より一部引用）

3 高等部 「食」以外に関する事例③

（4）量感を養う（★D）

適切な量の計量練習については、粉末の洗剤の加湿性や舞い上がりを考慮し、もみがらを用いて計量を行った（写真4）。「4.5Lの線まで」「スプーン山盛り」と計る量の目安となる言葉に合わせ、繰り返し行ったことで、量ることへの抵抗が減り、目安や目分量で計ることについての自信がついた。

（5）製品・商品を吟味する習慣をつける

市販の液状洗剤や粉末状洗剤を数種類準備し、表示の着目ポイントを話し合った。生徒によって家庭環境が様々な点に配慮しながら、友達や、指導者の家のことを具体的に話したり聞いたりすることで、よりよいやり方や工夫している点などについて考え、表示確認の大切さを理解するとともに、表示を見る習慣の意識づけができた。

写真4　もみがらを用いて計量

（6）重要事項は強調する（★E）

危険度の高いこと、手順のポイントなどでは、MTの説明にSTがさらに説明をしたり、掛け合いをしたりして重ねて伝え、大切だと思わせる工夫をするなどTTのよさを十分に活用した。アイロンの役割、安全への配慮についてワークシートに記入していく中で、STが「高温になると200度にもなります。」と説明すると、普段は指示されたことしか書き込まない生徒が自主的に欄外に記入していた（写真5）。

5．成果と今後の課題

（1）成果

・新しい知識を増やすことが、生徒にとって大きな喜びになる。実体験をし、実物に触れることで、それがことばと結びつき定着していく。ナイロンの手触り、低い温度でアイロンをかけないと縮んでしまうこと、スプーン山盛りの量など、目安や手がかりになる言葉を添えることで生徒自身が実感できた。

・洗濯物をたたき伸ばして干したり、ハンガーと洗濯ものの肩のラインを合わせたり、アイロンを扱う温度に気をつけ、やけどをしないよう細心の注

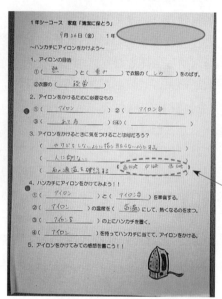

写真5　ワークシート

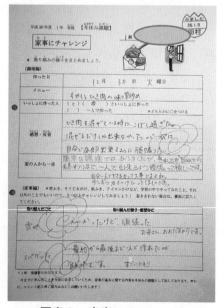

写真6　家事にチャレンジ

意を払ったりするなど、共同での体験を通して、友達と声をかけ合いながら、分かる喜び、できた喜びを共有できた。
・絵表示や品質表示などを学んだことにより、他の市販の製品の各種表示に注意が向き、製品を買う時に表示を見つけ、組成や素材を見ていこうとする意識が高まった。
・日常的な実践による汎化をねらって、家庭でも実践するよう指導している。冬休みに「家事にチャレンジ」の課題を出し、家族からの一言コメントをお願いし、家庭の協力も得られるようにした。
生徒は授業での実践を通して学習したことが家庭で活かされたという経験をすることができた（写真６）。
・１年生ではあるが、２年生、３年生の学習予定をふまえ、正しい知識や確かな経験を着実に積み上げることによって、卒業後社会へ出ていく生徒にとって大きなポイントとなる「身だしなみを整える力」をつけていくことにつながることが実感できた。

（２）課題

・教材やプリントの準備にあたっては、これまで蓄積されてきた本校教材が十分に活用できたので、今後も、教材やデータを有効活用していけるようなねらいに合わせた整理や分類をしていくことが必要である。
・本単元の「清潔に着よう」の内容は、職業の「働くために」の中の「清潔」や「身だしなみ」の学習にもつながっている。学部での教科・領域の会等で、作業や他教科の関連する内容との調整をしながら、年間指導計画の構成や内容等について見直しを行う必要がある。今後は、「卒業までに身につけたい力」を積み上げていくためにも、学部や学年、教科領域を横断的・系統的に見直すことでより効果的な学習を進めていきたい。

〈参考文献・資料〉
『新家庭総合』実教出版（平成18年検定済）
『高等学校家庭基礎 改訂版』第一学習社（平成18年検定済）
『家庭科ACCESS資料集』開隆堂
『ライフスタディ家庭基礎』実教出版
『図説家庭基礎学習ノート』実教出版
『技術・家庭 家庭分野』開隆堂

高等部 「食」以外に関する事例④

身だしなみを整える
~洗顔とひげそり~

茨城県立勝田特別支援学校　教諭　小川 初美

1．学校の概要と「家庭」の教育課程上の位置づけ

　本校は、小学部135名、中学部79名、高等部132名、訪問教育19名、合計365名が在籍する主として知的障害のある児童生徒を対象とした特別支援学校である。
　高等部は、「①勤労意欲を高め、働くための基本的な態度や技能を養う。②職業生活・社会生活・家庭生活を営む上で必要な知識や技能を身に付ける。③丈夫な身体と情操豊かな心を育て、たくましい生活力を養う。」という3つの目標を掲げ、卒業後を見据えた教育活動を展開している。その中で、個に応じた指導の充実と落ち着いて学習に取り組むことができる環境を設定するために、平成22年度よりコース制を導入し、総合（障害の程度が最も重度）／生活／基礎／自立の4つのコースで学習活動を展開している。
　「家庭科」は、家庭生活での衣食住の各分野で必要とされる知識・技能の習得と実践化を図ることを中心に教育課程に位置づけ、授業は基本的にコース別に行っている。

2．題材の概要

（1）題材名
　「身だしなみを整える」（高等部総合コース第3学年）

（2）題材目標
　・身だしなみ（洗顔やひげそり）の必要性が分かる。
　・自分で身だしなみを整えようとする気持ちをもち、実践することができる。

（3）生徒の実態
　総合コース（3年生）（以下、「本コース」）の生徒は、知的障害、自閉症等障害の種類は様々であり、排せつや更衣など自分の身の回りのことが自分でできる生徒から、まひや拘縮により、一部もしくはすべて支援を受けている生徒まで様々である。またコミュニケーションについては、簡単な日常の会話ができる生徒がいる一方、言葉での指示の理解はできるが、自分の思いや考えを伝えることが難しい生徒がいる。卒業後の進路は、主に生活介護や機能訓練を目的とした福祉施設へ通所する。そのため、自立した生活をめざし、基本的な作業能力と生活習慣の育成に重点を置いた指導を行っている。

（4）題材について
　特別支援学校における高等部学習指導要領の「家庭科」の目標は、「明るく豊かな家庭生活を営む上に必要な能力を高め、実践的な態度を育てる」とあり、洗顔やひげそりについては、具体的に明記されていない。しかし、「生徒が家庭生活における様々な事項をよ

り自立的に処理できるようにし、将来の社会参加につながる力を伸ばすことが大切」（学習指導要領解説より）とあり、生徒が主体的に取り組めるようにしなくてはならない事項の一つと考えられる。

　本コースでは、身だしなみについて、「家庭科」や「日常生活の指導」、また「作業学習」の中で指導している。「日常生活の指導」は、登下校の時間帯であり、制服から体操服・作業服などに着替えたり、清掃や朝の会・帰りの会に参加したりする時間である。「作業学習」では、作業を始める前のミーティングで頭髪や洗顔、ひげ、爪などの衛生面の確認をしている。しかし、いずれも改めて「身だしなみ」についての意味や具体的な内容について取り上げ、学習する機会は設けられていない。

　本コースの生徒は、身だしなみを整える行為の意味を理解して、自分から行うことは難しい。ほとんどの生徒が言葉かけなどの支援を受けながら身だしなみを整え、少しずつ自分でもやることを増やし、習慣にすることをめざしてきた。２年生からは校外の現場実習へも行くことから、実習日誌の中へ身だしなみに関するチェックリストを設けて、家庭の協力を得る場面を活用してきた。

　しかし、そうした中でも洗顔やひげそりをしないまま登校する生徒がいる。その理由としてスムーズに身支度を整えることが困難である様々な事情が考えられた。そこで、生徒自身がその必要性を少しでも理解して自分でやろうとしたり、家族の支援を素直に受け入れたりすることができれば、家庭の協力を得やすい状況になると考えた。

　３年生は、進級してすぐ沖縄への修学旅行（５月）、さらに進路決定のための現場実習（６月）を控えている。そのため、生徒の題材に対する興味・関心は高く、意欲的である。洗顔やひげそりは、自ら行うことで気持ちのよい衛生的な生活を送ることや相手に不快感を与えないようにすることになる。それは、将来の社会参加につながる力である。

　そのため、写真を見ることでひげの与える不快さを感じ、授業の中で実際に洗顔やひげそりを行う。そのことで生徒自身が気持ちよさを感じ、自分でできる喜びを味わうことができる。また、必要な道具（シェーバーやバンダナ、洗顔フォーム、タオルなど）の準備を家庭に協力を求めることで、家庭と学校が共通の課題を確認し合うよい機会になると考えた。

　そして、①自ら気づいて鏡を見ながら身だしなみを整えること、②言葉かけによって身だしなみを整えること、③支援を心地よく受け入れること、を生徒の実態に応じた目標とした。

（5）指導上の留意事項

　本コースの「家庭科」は、15名の様々な実態の生徒を５名の教師で指導している。実態や目標を考慮して３グループを編成した。一斉指導とグループ別指導を組み合わせるため、混乱しないように教材は共通のものを使用した。

　一斉指導により導入を行い、活動の説明や目標を確認した後に、グループごとの活動に分かれて行い、個の教育的ニーズに応じた指導・支援を行った（表１）。

　どのグループも言葉での指示や説明の後、具体的な手立てがないままでは「洗顔」や「ひ

3　高等部　「食」以外に関する事例④

げそり」などの活動は成り立ちにくいため、「洗顔」の方法を順序立てて写真で示し（**プリント1**）、男子には「ひげ」が伸びたままの写真を提示することでその不快さも感じることができるようにした（**写真1**）。教師が生徒と共に学習の進度や効果が確認できるように一人一人にプリントを用意し、一つの活動が終わるとシールを貼ったり、チェックしたりできるようにすることで、活動を確認できるようにした。また、活動の後に実践の様子を書いて知らせることで、家庭との連携を図った（**P.104、資料1**）。

表1　グループごとの実態と有効な手立て

グループ	実　態	有効な手立て
A	ほぼ身辺自立ができている。 心理的に不安定なときは、落ち着きがなくなり、離席や自傷・他傷行為、暴言も見られるが、短い言葉での指示理解と文字や写真による視覚的な指示の理解ができる。	・適切な支援 　（短い言葉での指示） ・視覚的な教材の提示 　（文字、写真）
B	ほぼ身辺自立はしている。 比較的落ち着いて過ごすことができるが、言葉や文字による指示だけで活動することは難しい。 写真の提示と教師の言葉かけにより、活動することができる。	・視覚的な教材の提示 　（文字、写真） ・言葉かけ ・手本を示す ・教師が一緒に行う
C	排せつや食事、歩行や衣服の着脱など身の回りのことに関して介助を受けながらの生活をしている。 身体にまひや拘縮があり、介助を受けながら活動する生徒、自分でやろうとする意欲はあるが、経験が少なく、文字や写真の支援では活動が難しいが部分的な介助により活動に参加できる生徒がいる。	・視覚的な教材の提示 　（文字、写真） ・興味のあるところから 　（洗面器の水に触れる等） ・言葉かけ 　（「気持ちいいね。」 　「顔が拭けて、偉いね。」 　「がんばったね。」）

3．活動の実際と指導上の工夫

生徒の活動	指導上の工夫
導入 1　あいさつ 2　今日の活動の説明を聞く。 　1　顔を洗う。ひげをそる。 　2　プリントにまとめよう。 （写真1） （写真2）	・スライドが見えて、落ち着いて話を聞くことができるように、座席の配置に注意する。 　（黒板前からCグループ→Aグループ→Bグループ） ・活動の見通しがもてるように、活動を順序立てて板書して説明する。 ・活動内容を聞き、写真や道具を提示することで活動のイメージがもてるようにする。 ・ひげの生えている部分だけをアップにした写真を見せ（**写真1**）、どのように感じるか、少し考えられるよう（まわりの教師が「汚い感じがするね。」「かっこ悪いね。」等の言葉かけをする）。 ・洗顔（**写真2**）の様子を見せる（「気持ちよさそう。」「お

第2部 実践編

>[展開]

3 顔を洗う。ひげを剃る。

① 必要な道具を自分で用意する。
洗面器・洗顔石鹸・タオル・お湯・シェーバー等その他必要に応じて。

② 「洗顔」「ひげそり」の方法をプリントで確認してから洗顔を行う。

（プリント1）
（プリント2）

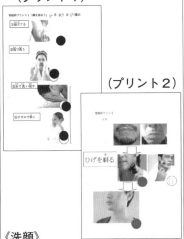

《洗顔》

・髪が濡れないように髪を束ねる。

① 手のひらで洗顔フォームを泡立ててからやさしく泡で洗う。

② 水で泡を丁寧に洗い流す。

もしろそう。」等の言葉かけで興味がもてるようにする）。

・活動の説明をプリント1・2を使って行う。

・洗顔（**写真2**）の様子を見せる（「気持ちよさそう。」「おもしろそう。」等の言葉かけで興味がもてるようにする）。

・活動の説明をプリント1・2を使って行う。
さらに道具（洗面器・洗顔石鹸・タオル・シェーバー）を見せることで活動のイメージがもてるようにする。

・プリントを見ながら、終了後にシールを貼ったり、振り返りを書いたりすることを話す。

・必要な道具を自分で用意できるように黒板の前にそろえておく。

・自分で必要な道具を取りに行くことで活動の理解を確認する。

・生徒が自分で活動し、できたという気持ちがもてるように指示は少なくして、活動直後に「できたね。」という称賛の言葉をかける。

・活動しながら、丸シールを貼り、活動の確認をする。活動の場面に丸シールを貼ることができたことで活動したことの理解を確認する。

・洗顔を嫌がる生徒に対しては、無理強いせず、ぬるま湯で濡らしたタオルで顔を拭き、心地よさを感じることができるようにする。

・興味のあるところから進める。

・教師全員が同じ視点で指導するため、称賛の言葉かけは同じにする。
「気持ちいいね。」「顔が拭けて、偉いね。」

・少しでも顔を拭くことができたら、「がんばったね。」という言葉かけとともに生徒と目を合わせて気持ちを共有する。

3　高等部　「食」以外に関する事例④

《ひげそり》（男子）

・安全に注意してシェーバー等を使う。

①鏡を見て、ひげを確認しながらゆっくり行う。

・手順表の提示だけでは分からない生徒は教師と一緒に活動することで不安を取り除く。

・教師は活動の様子をプリントへ書く（資料1）。

まとめ

4　活動を終えてから、プリントへ振り返りを記入する（資料1）。

・マークを提示して、自分の気持ちに合うものに印をしたり、指さしをしたりして活動を振り返る。

5　次回の予告をして終わりのあいさつをする。

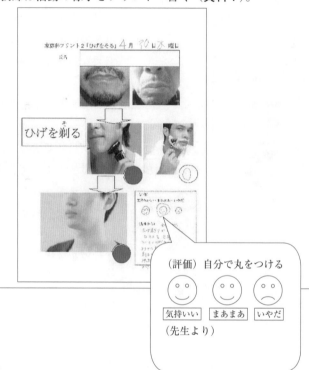

4．成果と今後の課題

（1）実践を通しての生徒の変化

　これまで本コースの生徒にとって身だしなみを整える行為は、教師が確認をして生徒自身が身だしなみを整えようとすることができるように言葉をかけたり、チェックリストで確認して気づきを促したり、家庭との連絡をとりながら進めてきた。

　しかし、いくら学校でチェックして「ひげをそりましょう。」と言っても実際、家庭では朝の忙しいときに、自分でできない生徒にやらせようとしても嫌がるなどの抵抗があったり、水は好きでも顔を濡らすのに抵抗があって洗えない生徒がいるなど様々な事情でなかなか定着しない現状であった。卒業を目の前にしても、身だしなみを整える方法が身についておらず、家庭における意識も低かった。生徒は身だしなみを整えるための支援を受けることを理解せず、家庭は何をすべきなのかを学校は明確に伝えてはおらず、うまくいかない状況であった。

　身だしなみを整えることは、人が人として人らしく生きていくために大切なことである。身だしなみを整える行為は、他者から見た自分の姿を知ることや、清潔にする心地よさを感じる本人の感覚の両面がそろってできることだと実感した。

今回の授業では、実際に洗顔やひげそりを体験してその方法を知り、スキルを身につけることと、その感覚を味わうことで身だしなみを自分で考え心がけるようになる「習慣化を受け入れる」ものと考えて行った。以下は授業後の、生徒の変容である。

①自宅では洗顔をしなかった女子生徒が、この授業をきっかけに教室に置いてある洗顔フォームで顔を洗うようになった。「気持ちいい。」という言葉も聞かれるようになった。
②作業学習の身だしなみチェックの際、自分のあごに触れ、ひげを確認するようになった。
③鏡を見て自分の顔を眺め、ひげを確認することが増えた（写真3）。
④修学旅行の際、授業で使用した道具（シェーバー、バンダナ、タオル、洗顔フォーム等）を持参したため、荷物を見ただけでやることが分かり、自ら身だしなみを整える活動がスムーズであった。
⑤支援を受けなくてはならない生徒についても、繰り返し経験したことで抵抗が減り、ホテルで教師と一緒に鏡を見ながら笑いあえる様子が見られ、支援を受け入れることを身につけつつあると感じている。

このように、生徒の様子にはわずかだが変化が見られた。

現場実習のとき、今までは実習日誌のチェックだけだったのが、授業で実際に洗顔やひげそりを行い、プリントにある教師からのコメントを読むことで家庭での意識も高まってきている。

こうして、身だしなみについて改めて考える機会を設けることで、教師の生徒に対する見方や接し方にも変化があった。目標設定や活動が個に応じたものであり、今まで誰もが「できて当たり前」「できなければならないもの」として生徒に接してきたところを「どうすれば活動を理解して自分でできるようになるだろう」という視点で見るようになった。すると、生徒が理解しやすい教材の提示（**写真1・2**）や、その場で評価できる工夫を考えるようになった（**資料1**）。活動場面でも、少しでも自分でできたら、その場ですぐ称賛することが増えた。何か一つでもできるようになったことをすぐに褒めるようになると生徒にとっても分かりやすく、自己肯定感を高めるよい機会となり、生活の中で様々なことに意欲的になった。

（2）課題

今後の課題は、ひげが伸びたら、自分で気づいてひげそりを行うことと、自分から洗顔するようになることである。そのためには、①の生徒のように「気持ちいい。」という感覚を授業の中でどう知らせていくかが課題である。はじめは言葉かけで行っている洗顔やひげそりもきれいにできたときに「かっこいいね。」「気持ちいいね。」という言葉かけによって、その行為を自ら行うものにつなげていかなくてはならない。そのためには学校生活の中で繰り返し行い、積み重ねることと家庭の協力が必要であろう。学校では教育課程の中に長期的に組み込み（日常生活の指導や家庭科、作業学習）、学校で系統的な学習を積み重ね、そのことを家庭でも行えるようにつなげていくことで、卒業後の自立した生活に結びつけていかなくてはならない。

高等部 「食」以外に関する事例⑤

電化製品の安全な使い方と正しい手入れの方法を身につける

静岡県立藤枝特別支援学校焼津分校　教諭　**木野 かおり**

1．焼津分校について

(1) 学校概要

　焼津分校は藤枝特別支援学校（本校）の狭隘化解消と高等学校との「共生・共育」を目的として、平成25年度に焼津水産高等学校内に設置された。企業就労を希望する軽度の知的障害の生徒を対象とした高等部のみの分校である。

　学校教育目標は社会の一員として「気づき　考え　行動する人」を育てることである。そして、志太榛原地区から通ってくる38人の生徒が生涯豊かに働き続けるために「地域で自立し、地域に貢献する人を育てる学校づくり」をめざしている。

　焼津水産高等学校とは「水高祭」「運動会」「百人一首大会」などの学校行事での交流をはじめ、「エイズメッセージキルト製作」「フィッシングコンテスト」「サッカー合同練習」などの部活動交流、「金属加工」「金魚の飼育」などの授業交流、生徒会や委員会活動での交流を行っている。

　このような共生・共育の交流を通して両校の生徒がよい影響を受け合っており、焼津分校生は焼津水産高生の礼儀正しさやチャレンジ精神を学び、焼津水産高生は焼津分校生の明るさに触れて共に生きることの大切さに気づきはじめている。学校という小さな社会の中で共生社会が具現化しつつあり、貴重な経験をしている。

(2) 『家庭』の教育課程上の位置づけ

　『家庭』は学年単位で毎週1時間を基本としている。調理実習の場合は特別日課を組んでいる。本校の学習のねらいを以下に示す。

　①家庭生活で使用する道具や器具などの正しい使い方を理解し、安全や衛生に気をつけながら使用することができる。

　②被服、食物、住居などに関する実習を通して健康で実施的な生活に必要な知識と技術を習得することができる。

　③家庭の機能や家族の役割を理解し、豊かな家庭づくりために自分の役割を積極的に果たせるように、習得した技術を実生活でいかすことができる。

2．単元の概要

(1) 単元名

　「電化製品の安全な使い方と正しい手入れ」（高等部2年）

(2) 単元目標

家庭でよく使われる電化製品の危険性を考え、実際の事故を知ることで、安全に使う知識と技術を身につけることができる。

(3) 生徒の実態

焼津分校高等部2年生は男子8人女子8人で、発達障害の傾向のある生徒や視覚障害を併せ有する生徒もいるが、主障害は全員が軽度の知的障害である。全員が自宅から登校しており、卒業後の進路としては体調的理由から福祉施設を希望している生徒もいるが、ほとんどの生徒が就労をめざしている。また、いずれは一人暮らしをしたいと考えている生徒も多い。

学習には積極的な生徒が多く、活動することが分かれば一生懸命に取り組むことができる。中には経験不足から苦手なことやはじめての活動には戸惑いを見せる生徒もおり、繰り返し学習したり経験を積み重ねたりすることで自信がもてるように導いている。また、自分の気持ちや意思を人前で表現することが苦手な生徒が多かったが、高等部での学習を進める中で小集団での話し合いが上手になり、学年の中であれば自分の意見や考えを伝えたり、活発に発表したりする様子も多く見られるようになってきた。

電化製品に対するイメージは「なくては困るもの」「便利なもの」「生活のための必需品」等と利便性に着目したものが多く、電化製品に囲まれた生活をしていることがうかがえる。『家庭』の学習でも「アイロンがけ」「洗濯機の使い方」「電子レンジの使用」などを学習してきた。

(4) 題材について

電化製品の普及に伴い、家庭生活は便利になってきている一方で、電化製品による事故が多発している。生徒たちも家庭や学校において様々な電化製品を利用しており、電化製品の使い方や種類についての知識はあるが、「古い電化製品から出火すること」や「コンセントについたほこりから出火すること」など危険についての知識は不十分である。将来自立した生活をめざす彼らの今後を考えると、電化製品の利便性だけでなく危険性も知っておくことが必要だと考え本単元を設定した。身近な電化製品を題材に取り上げることで、日常生活の一部としてごく当たり前に使用している電化製品も使い方を誤ったり手入れを怠ったりすると危険であることを自分の生活と照合しながら学習し、安全に利用することで豊かな生活へと導きたいと考えた。

(5) 指導上の留意事項

本単元は経済産業省から中学校技術・家庭科副読本として出ている『製品安全ワークブック』を参考に進めた。特に今回は電化製品に着目した単元であることから、技術分野のワークブックを利用した。授業では、ワークブックを参考にワークシートを作り、①自分で考える、②意見を交換する、③映像や実物などで知る、④チェック表で確認する、という4点を毎回の学習で取り入れるようにした。

①自分で考える

教材の中心である「製品安全認識度チェック（授業内では『危険マップ』と名付けた）」

3 高等部 「食」以外に関する事例⑤

から、どこの何が危険かを予測したり、自分の行動や家庭ではどうかを振り返ったりすることでより身近に感じることができるようにした。

②意見交換

自分で考えたことを、学年全体やグループ学習の中で発表することで、自分の意見だけではなく、友達の意見を聞いて気づいたりさらに考えを深めたりすることができるようにした。

③映像や実物で知る

独立行政法人製品評価技術基盤機構（NITE）が提供している『製品安全教育DVDハンドブック』や『注意喚起ミニポスター』の動画を中心に映像を活用した。また実物を用い、危険箇所やしくみを学習することで知識を広め、実際に使ってみることでどのように使えば安全なのかを考えられるようにした。その他に実際に起きた事故を伝えることでより身近に感じることができるようにした。

④チェック表で確認

小単元のワークシートの最後にチェック表をつけ、自分の行動や家庭ではできているか、または危険がないかを記入した。分からない項目は家に持ち帰り、家の電化製品を見ながらチェックすることで自生活を意識できるようにした。

3．活動の実際 （全7時間）

学習内容	指導の手立て・工夫	準備物等／備考
○家庭内の『危険』を探そう（1／7） ・『危険マップ』から危険な場所を探す	・『危険マップ』のどこに注目したらよいかを示しておく。 ・机間巡視し、見つけた生徒には理由を聞くことで理解度を知る。 ・自分で探したら、友達と確認する。	危険マップ（掲示用、個人用）
○電池の『危険』（2／7） ・電池の種類 ・電池による事故 　液漏れ、破裂（動画） ・安全な電池の利用方法と液漏れがついた場合の処置法 ・自己チェック	・実物や実際に使われているものを提示する。 ・事故につながる行動がないかクイズ形式で行いお互いの経験を知ることができるようにする。 ・液漏れが化学やけどにつながる恐れがあることを伝える。	危険マップ ワークシート テレビ・パソコン（動画用） 各種電池
○電気コードとコンセントの『危険』（3／7） ・断線による事故 　感電、火事（動画） ・断線を導く行動や状態 ・トラッキング現象（動画）と安全にコードやコンセントを利用する方法 ・自己チェック	・動画を見た後に、代表者に実践してもらい、みんなで考えられるようにする。 ・『危険マップ』から断線の恐れのある絵を自分で探し、意見交換する。 ・トラッキング現象による火災発生件数を示すことでより身近な事故であることを感じられるようにする。	危険マップ ワークシート テレビ・パソコン（動画用） ドライヤー S字フック
○アースの必要性（4／7） ・アースとは何か ・アースのある電化製品とその特徴 ・アースの未接続による事故 ・アースがついているか ・自己チェック	・校内の洗濯機のアースを見ることで、家のアースを想像できるようにする。 ・アースがついている電化製品を発表してもらい掲示しながら共通点を考えられるようにする。	危険マップ ワークシート テレビ・パソコン（動画用）

第2部　実践編

○過電流の『危険』（5／7） ・タップやテーブルタップの使い方 ・タコ足配線の意味 ・消費電力の高い製品 ・過電流による事故（動画） ・テーブルタップを安全な利用方法 ・自己チェック	・正しい接続であるか○×で考えられるように様々な接続法の絵を用意する。発表しながら、消費電力の高い製品に気づくことができるようにする。 ・テーブルタップには、使用ワットが決まっていることに着目できるよう実物を提示する。	危険マップ ワークシート テレビ・パソコン（動画用） テーブルタップ タップ
○燃焼器具の『危険』（6／7） ・ストーブ、ヒーターまわりの危険 ・燃焼器具による事故（動画） ・燃焼器具の安全な利用方法 ・自己チェック	・『危険マップ』を参考に、家庭で同じような『危険』を導く状況がないか発表しあったり、教師の経験を話したりすることで、より身近に感じることができるようにする。 ・電気が熱を発するところを観察できるようにする。	危険マップ ワークシート テレビ・パソコン（動画用） 豆電球 ジュール式熱源器
○経年劣化の『危険』（6／7） ・電化製品の劣化 ・標準使用期間安全表示の製品 ・使用期間が過ぎた製品について ・標準使用期間のある電化製品の安全な利用方法 ・自己チェック	・食品の賞味期限及び消費期限を例に挙げ、電気器具の劣化に興味をもてるようにする。 ・小グループになり実物や取扱説明書で標準試用期間を確認することで、取扱説明書にも興味を向ける。	危険マップ ワークシート 取扱説明書 テレビ・パソコン（動画用）
○まとめ（7／7） ・学習したことの実践 ・家庭での実践の発表 ・評価、感想	・学習したことをグループの友達に説明しながら実践することで、正しい知識が身についたかお互いに確認する。 ・電化製品は正しく使えば便利だが、使い方を間違えると危険であることを押さえる。	電池、テーブルタップ、コンセント等

4．指導上の工夫

製品安全ワークブック内の『危険マップ』に少し手を加え、掲示用と生徒配布用を用意し、基本のプリントとした。

断線箇所

家電製品を実際に使って事故について考えた。ドライヤーが断線した場合の事故を想定した発火や花火が飛ぶ動画を見た後なので、体のどこが危険か予測できた。

ジュール式発電機を使い、電気が熱に変わることを体験した。

3 高等部 「食」以外に関する事例⑤

アースを知らない生徒が多かった。校内の洗濯機についているアースを見ることで、「あ、家にもある！」との発言も多かった。

アースを見に行った作業室で、作業で使う機械についていたアースを発見。
「ここにもついている！」

〈ドライヤーのコードの巻き方〉
普段やっているしまい方をお互いにやってみて危険はないか確認した。

自己チェック表だけでは、不十分だと感じることが多かった。

まとめで実際に友達に説明しながら実践することで知識・技能として身についたか確認した。

5．成果と今後の課題

(1) 実践を通した生徒の変化と家庭生活への般化

　生徒が電化製品の危険を知らなかった理由として、危険性を知る学習や生活経験が少なかったことが挙げられる。はじめは身近な問題として考えられなかった生徒も、小単元の最後にチェック表を付け、自分の生活を顧みたことで「家の電気カーペットで上のカーペットが焦げたことがあった。」「冷蔵庫のコンセントのほこりがすごかった。」「おばあちゃんは買った年月を電化製品に直接書いている。」「お父さんと家のアースを確認した。」「ドライヤーの説明書を見返したらコードのしまい方が書いてあった。」「県内で家電が原因とな

る火事が発生した。」など、家庭での様子や身近な事故に気づき積極的に発言するようになった。電化製品の危険について知識を得て興味をもつようになったと考えられる。

しかし、小単元の終わりに行った自己チェック表だけでは知識や技術の定着が不十分だと感じたため、電化製品の正しい扱い方を説明しながら実践し合う小グループでの活動を設けた。ワークシートを確認しながら自分の言葉で説明することで、より知識や技術を定着させることができた。

単元終了後の自己評価では、全員が今後は家庭の電化製品の使い方に注意したいと答え、以下のような感想があった。

> ・自分が普段やっていることも実は危険だということが分かった。これからは、こたつのつけっぱなしや電気ストーブの使い方に気をつけたい。
> ・小さなことだと思っていたことでも火事につながることが分かった。たこ足配線には特に気をつけたい。
> ・コンセントを抜くときには、プラグを持って抜くようにしたい。
> ・コンセントを差しっぱなしにすることが減った。コンセントにほこりがたまっていたら掃除したい。
> ・取扱説明書をなくした電化製品もあったので、これからはなくさずにとっておきたい。

これらのことから、本単元で電化製品は正しく扱えば便利だが使い方や手入れを誤ると事故や災害をもたらす危険があるということを生徒が理解し、実生活での改善や目標として捉えることができたと考えられる。単元終了とともに生徒の意識が薄れることがないように今後も日常生活の中で話題にしていきたい。また、アース接続用のコンセントがない住宅に住んでいる生徒もおり、生徒の家庭状況を想定した準備と対応をすることを今後の課題としたい。

(2) 実践の振り返り

家庭科は生活に根差した教科である。生活そのものが家庭科であり、生活を明るく豊かにするために直結する教科であるといわれている。それゆえに、いかに生徒が自分の生活をよりよくしたいという向上心をもてるようになるかが問われてくる。本校では、3年間で身につけたい内容を系統化した『指導の押さえ』と『年間指導計画』に沿って授業を展開している。自立した生活をめざす生徒の将来を見据えた上で高等部の3年間に何を身につけるべきか、他教科との関連や生徒の実態を含め、今後も十分に検討していく必要がある。

電化製品の安全に着目した本単元を試行錯誤しながら行う中で、改めて生徒にとって必要な情報を整理し、生徒が自ら考える機会を設定しながら授業を行うことの重要性を感じた。そのためには、指導計画や教材研究はもちろん「授業での発問の仕方や生徒が考えるポイントの整理」「実物や映像の活用」「到達目標と評価の生徒との共有」などの指導技術が問われてくる。

生徒が興味をもって取り組んでいるか、理解するうえでのつまずきはないかを見取りながら柔軟な授業ができる授業力の向上を目標にし、今後も教員自身が切磋琢磨していきたい。

高等部 「食」以外に関する事例⑥

いつのお金が大切？
~やりくりシミュレーション~

京都市立白河総合支援学校　教諭　西脇　優美子

1．学校の概要と「家庭」の教育課程上の位置づけ

　本校は卒業時点での全員の企業就労をめざす高等部職業学科単独の総合支援学校（特別支援学校）であり、生徒たちは全員B判定の療育手帳を持っている。学校での職業教育と並行しながら、産業現場実習に取り組み、学校で学んだことを企業等で検証し、それを学校での職業教育にフィードバックするという「デュアルシステム」を取り入れている。

　家庭科では卒業後の自立した生活にむけて、「衣」「食」「住」の基本的なスキルを伸ばし意思決定する力を身につけることをめざして授業を行っている。特に3年生では、卒業後の生活を送るための必要な知識を習得すること、職場や仕事に馴染めるように、卒業後の働く生活に向けてイメージをもてるようになることを目標として取り組み、「衣服について」「栄養のバランスについて」「一人暮らしについて」の3つの項目を柱として、授業を展開している。また本授業は、特別支援学校高等部学習指導要領の家庭の2段階の(2)にある項目、「家庭生活における計画的な消費や余暇の有効な過ごし方について理解を深める。」に基づいて授業づくりを行った。

2．単元の概要

（1）単元名
　「いつのお金が大切？　~やりくりシミュレーション~」（高等部3年）

（2）単元目標
・実際のお金のやりくりを疑似体験することによって、自分のお金の使い方について考える。
・仲間とお金のやりくりや使い方について思ったことをやりとりする。

（3）生徒の実態
　生徒たちは、一斉指導による言語指示を理解して行動に移すことができるが、集中が困難であったり、指示されていることを取り違えたりすることがあったりする。分からなことを曖昧にしたままで行動していることも少なくない。しかしながら、高等部3年になると、こうした課題についても、これまでの学習のなかで解決してきており、ほとんどの生徒が雇用を前提とした実習に取り組んでいたり、就職先が内定したりしており、働くことについては一定の見通しがもてるようになっている。生活全般、特に、働く気持ちを支えるために余暇をいかに充実させるのかということも目を向けていく時期であると考えられる。

人と関わることに苦手意識がある生徒も少なくないが、生徒たちは会話を楽しんだり、一緒にスポーツをするなどして、仲間と関わることに楽しさや喜びを感じている。卒業後は保護者から離れて自立して暮らしたいという思いをもっている生徒は、金銭の管理の仕方にも関心をもっており、仲間と食事をする、カラオケやボウリングに行く、コンサートのチケットを買う、スマホの通信費に充てる等、毎月定額の小遣いの中でのやりくりに工夫をしていることがうかがえる。一方で、ほしいものやしたいことがある際には保護者からその都度お金をもらうということで、やりくりを経験する機会がほとんどない生徒もいる。

　働くことが中心になる生活全般への関心が高まると同時に、余暇利用の仕方についても、それぞれで自分なりのものを見つけつつある。そこで、卒業後、得た給料を適切にやりくりできる力をつけ、楽しみを企画し、それを励みに「仕事をがんばろう」とできるようになってほしいと考えた。

（4）題材について

　家庭科の授業では、今年度を通して「卒業後どんな生活がしたいか」を話し合ってきた。「一人暮らしがしたい」「趣味の時間を充実させたい」等、様々な思いを生徒から聞くことができた。また、やはりお金が必要であり、それは実際どのくらいであるかということを生徒たちが考えるようになった。そこで、一度お金のやりくりをシミュレーションすることになった。

　生徒たちは何となく、「お給料をもらったら買えるものと払わないといけないものがある」くらいのイメージはもっている。しかし、具体的にどのようにお金が動くのかについて知ったり、考えたりする機会はほとんどない。今の生活のなかでは、やりくりするお金はせいぜい1万円程度であり、卒業後初任給として手にする10万円程度のお金を扱うことについてはイメージしにくいようである。何も知らないまま、人生で初めて手にする給料を無駄にしないようにしてほしいと考えた。

　この授業では、全員が24歳の太郎という設定でゲームを進めていく（卒業直後の給料は個人差があるため、働きはじめてから数年後の給料を設定した）。おしゃれブース、レジャーブース、薬局ブース、保険ブース、外食ブース、事件ブース（イレギュラーな支出）の6つのブースがあり（**資料1**）、これらは一般的な家計の支出項目に則した内容になっている。これらのブースをグループでまわる。それらのブースには選択肢が3～5つあり、そこから1つを選び、帳簿（**写真1**）に記入していく。選択肢の中には、質素な選択肢もあれば贅沢な選択肢もあり、贅沢な選択肢を選ぶほど「ゆとりポイント」が高くなっている。また電気代、携帯電話代、家賃、水道代など必須支払項目（**資料2**）があり、6つのブースをまわっている間にアナウンスされ、その料金についても帳簿に記入していく。そして最後、残金とゆとりポイントを計算する。残金は貯蓄額となる。ゆとりポイントはどの程度生活が豊かであるかをはかるポイントとなる。「貯蓄」と、働く意欲の源となる「生活の豊かさ」のバランスを授業のまとめとして考えていく（**資料3**）。

（5）指導上の留意事項

いつのお金が大切？
〜やりくりシュミレーション〜

※自分に○をする

使った項目の番号	金額	ゆとりポイント	残金
		0	134000円（13万4000円）
（例）初田一J	2000円	1	132000円
（例）食費	30000円		102000円
雑誌	1000円	2	133000円
電気代	3500円		129500円
ガス代	3000円		126500円
水道代	3000円		123500円
お菓子	1200円	1	122300円
眼鏡	0円		122300円
洗剤	1000円		121300円
レジャー	9000円	3	112300円
保険	2000円		110300円
ケータイ代	8500円		101800円
おしゃれ	0円		101800円
外食	1500円	2	100300円
事件（定期券行方不明）	4000円		96300円
食費	25000円		71300円
家賃	45000円		26300円

●残金…26300円
●ゆとりポイント…9ポイント
●自分は…（　今より未来　・　未来より今　・　バランスとれてる　）
☆自分のお金の使い方は班の人と比べて節約派？贅沢派？…贅沢派
☆自分はこれを捨ててでも、これを買いたい、というものはありますか？
旅行とかはいいから、ご飯やおやつに使いたい。
☆やりくりシュミレーションをしてみて思ったこと
ゲームをしてみて以外と自分ってバランスとれてるんだなと思いました。

写真1　ワークシート

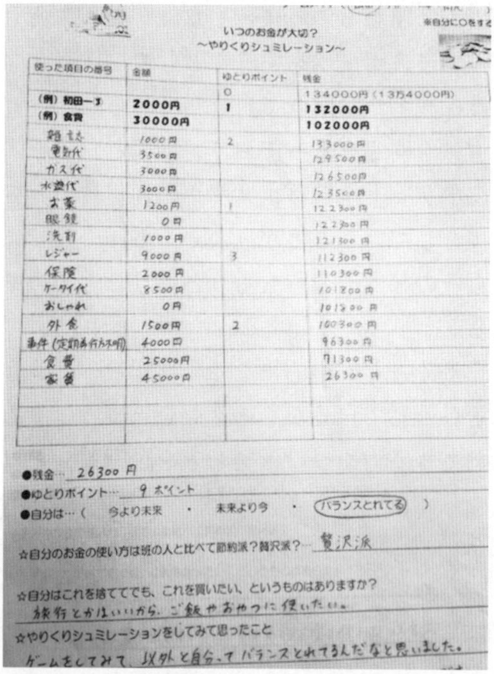

生徒たちのほとんどは、長時間の座学を苦手としているため、ブースをまわりながらやりとりしていくといった形式を取り入れることにした。指導者の話を聞くポイントが短く、分かりやすくなることで集中して話を聞けることに加え、仲間とテーマについて自然とやりとりが生まれることを期待した。

このシミュレーションゲームのやり方をそれぞれが理解して、自分たちで考えて動くことができるよう事前の説明と教室の環境設定を工夫した。事前の説明については、なぜこの授業を行うのか、どのようなやり方であるかを授業の始めに丁寧に伝えた。実際に指導者がモデルとなってやってみることで生徒たちが分かってできるようにした。教室の環境設定については、生徒たちが動きやすいよう通路を作るなど、教室の机の配置を工夫した。要らないものを完全に失くし、注意の集中が妨げられないようにすることも意識した。また、教室の入り口近くに「総合案内所」をつくり、困ったときや分からないことがあるときは自分から助けを求めにくるというようなシチュエーションを作ることにした。

3．実際の活動

学習内容	指導の手立て・工夫	準備物等／備考
本時の学習内容を確認	給料を何に使いたいか問い、発言を聴くことで、本時の内容に興味をもてるようにする。	・大型テレビ（タイトルとイメージ画を提示する） ・パソコン
やりくりシミュレーションのやり方について説明 チームごとに決められた順番でブースをまわる。	「やりくりシミュレーション」とは“24歳の太郎になり、13万4000円の手取り給料から支出し、「ゆとりポイント」と残金（貯蓄）を残すゲーム”であることを資料を用いて説明する。	・大型テレビ（「やりくりシミュレーション」の説明用資料を提示する） ・パソコン
「やりくりシミュレーション」について分からないことを質問する。	質問があれば挙手するよう伝える。	

第2部 実践編

各ブースの位置やまわる順番をグループごとで確認する。 チームごとに決められた順番でブースをまわる。 途中で必須支払項目（家賃、水道代、電気代、ガス代、携帯使用料、日用品、食費）についてのアナウンスを聞き、帳簿に計上する。   活動のふりかえり 活動で気づいたことや考えたことを発言する。	まず一番初めのブースに行くように伝え、各ブースの担当者が班ごとに個別にゲームの進め方を再度伝え、ゲームが円滑にすすむようにする。 計算が完了するまで各ブースにおいて、各担当者が見守る。自分で計算するのが難しい場合は助言・指導する。 ブースでは支出に関して、文字の情報とともに、イメージを提示する。 必須項目は適宜ホイッスルを鳴らして提示し、その際にいるブースの担当者がワークシートに書きこむところを見守る。 分からないことや困ったことがあれば総合案内所に来るように伝える。 全チームがすべてのブースをまわり終えたら部屋の片付けをするよう伝える。 班ごとに着席し、ワークシートの記入を行うよう伝える。	※班分けは事前に行う。 ・各ブースの担当者の名前とまわる順番が書かれた紙 ・ワークシート（帳簿、ふりかえりの欄） ・各ブースの選択肢の用紙 ・イメージ画 ・くじ（「事件」のブースで使用） ・必須項目の支払いの用紙 ・机 ・電卓 ・ホイッスル ・セロハンテープ  

4．指導上の工夫

　金銭の支出については、あらかじめ性別や趣味・傾向などの想定のもと、いくつかの家計簿モデルを作成しておく。それぞれのモデルには、それに対応したライフストーリーを用意しておき「アドバイザー」から説明を受けられるようにしておく。また、「お互い様相談会」の場をもち、仲間のプランについて意見を出す場面を作成する。

　さらに、シミュレーションを自分の生活に関わりがあることであると感じられるように、事前にお金の使い道や自分にとっての贅沢についてのアンケートをとり、その内容を反映させた選択肢を各ブースに置くことにした。また、普段の生徒同士の会話や生徒との会話の中で「コンタクトレンズっていくらするんやろ？」「日曜日は親と映画見に行くねん。」

3 高等部 「食」以外に関する事例⑥

「クリスマスプレゼントに、○○○○のアルバム買ってもらってん。」など、お金に関する様々なつぶやきを聞くことができるが、こうしたことを資料に反映させることにした。現在、支払いは保護者が行うので本人たちには家計への影響を感じているわけではないが、これからの自分のこととして意識できるようにした。

＜説明用資料＞

1

いつのお金が大切？
～やりくりシュミレーション～

2
お金のやりくり、どうしたいですか？
・お給料の使い道はみなさんにゆだねられています（もちろん！）
・いろんなお金の使い方がありますね
・みなさん1人1人、お金の使い方の傾向があります
・正解はないのですが…考えてイメージしてみよう

3
今日は太郎になってみてください。

4
太郎（24歳）のプロフィール
・今の仕事を始めて5年。最初の頃に比べたら大分お給料は多くなった
・1年前から一人暮らしを始めた
・趣味は旅行。色々な所へ気軽に行きたいのでそろそろ車がほしい
・月に手取りで13万4000円お給料をもらっている

5
太郎24歳。人生にはお金が必要だ
・これから太郎になり切って「家計」をやりくりしてください
・家計についてのイベントが提示されるブースが6個あります。チームごとに必ず全てのブースをまわって下さい

6
ブースについて
・ブースには「選択」するものと「くじ引き」するものがあります
・混雑を避けるため，決められた順でブースをまわってください

7
太郎24歳。人生にはお金が必要だ
・「必須」項目は必ず支払いを済ませて下さい。※笛が鳴ります
・ブースで何を選択するかは自由ですが、"ゆとりポイントをためながらも、お金を残すこと"を目指してください

8
太郎24歳。人生にはお金が必要だ
・最後に残ったお金は「未来のゆとりポイントになるかもしれない」＝貯金分です。今のゆとりポイントとバランスをとってお金を残してください
（最後に合計を出します）

9
それぞれのブースについて
ランチルーム
・森　先生
・千葉先生
・伊澤先生
・桂田先生
マルチルーム
・初田先生
・高田先生
・羽生先生

それぞれのブースで各先生から話を聞いてください。
記入の仕方も各ブースの先生から聞いてください。

＜各ブース名・各ブースの選択肢（一部抜粋）＞（資料1）

おしゃれ 髪の毛を切る	①10分カット ・ねだんは1000円です。 ・10分で終わる！安い！ ・でも、デザイン性は……	②リーズナブルな美容室 ・ねだんは3000円です。 ・こんな感じで…と伝えたらきちんと仕上げてくれます	③おしゃれなヘアサロン ・ねだんは5000円です。 ・キレイなお姉さんが切ってくれます ・あなたに出会うデザインを提供してくれます
外食 おいしいものを食す	①ラーメンを食べに行く 1000円	②スイーツ食べ放題 1500円	③焼き肉食べに行く 3000円

<必要支払い項目>（資料２）

必須 ①今月の食費	必須 ②今月の電気代	必須 ③今月の携帯代	必須 ④今月のガス代
25000円	3500円	8500円	3000円

必須 ⑤今月の水道代（２か月分請求）	必須 ⑥今月の家賃	必須 ⑦洗剤など
3000円	45000円	1000円

<ゆとりポイントの解説>（資料３）

ゆとりポイント１２点～	ゆとりポイント６点～１２点	ゆとりポイント０点～５点
あなたは未来より今が大事なタイプ。少しは未来の楽しみのために、というより今後何かあったときのために貯金できるやりくりをしましょう。	あなたは未来も大切、今も大切、バランスがとれるタイプです。この調子で、楽しいことにお金を使いながら、未来への備えもしていきましょう。	あなたは今より未来が大事なタイプ。しっかり者ですが、疲れたときや気分転換がしたいときは、計画的に自分の欲しいものを買ったり、したいことをして元気をチャージすることも試してみてください。

５．成果と今後の課題

　全員が何らかの形で自分のライフスタイルや消費傾向について言及し、卒業してから、それは自分が稼ぎ出したお金でやりくりしていくのが本来の姿であることを意識できたことは成果であると思われる。また、仲間同士のやりとりのなかで、自分のライフスタイルについて見直したり、気に入ったところを取り入れようとしたりする姿が見られたことにも意義が感じられた。また、消費者金融やギャンブル、悪徳商法など、経済生活にまつわるリスクについても高い関心を示していた。

　今後の課題としては、例えば実際に働いて自立生活している先輩の話を聞くとか、あるいは、支援機関にどうしたことを支援してもらえればよいのか等、興味・関心の域から、実際に直面するであろうことに少しでも役立つ情報を提供していくことが考えられる。

　生徒の主な感想を以下に挙げる。

- ・一人のセールスマンからの話を聞いてすぐに保険契約してしまうと損をすることがあることが分かった。
- ・今を楽しむこととお金を残すことのバランスのとり方が難しい。
- ・お給料が入ってきても、実際自由に使える額は割と少ない。
- ・一人暮らしはつらいだろうな。
- ・一人暮らしをしたいので、月に５万円位はためないといけない。
- ・自分の知らない出費があることに驚いた。

3 高等部 「食」以外に関する事例⑦

明るく豊かな家庭生活を営むために
楽しみながら実用的なものを作る実践例

兵庫県立いなみ野特別支援学校　教諭　濵野 由美子

1．学校の概要と「家庭」の教育課程上の位置づけ

　本校は、関西最大の六条大麦の産地、加古郡稲美町に位置し、知的障害のある児童・生徒266名が、小学部・中学部・高等部・訪問学級に在籍している。
　高等部は、『一人一人に応じた指導』と『自立と社会参加に向けた職業教育』を充実させるために、類型別教育課程を編成している。
　Ⅰ類…社会生活の指導を重視した集団
　　　　　　職業生活・社会生活への適応をねらいとしている。
　Ⅱ類…日常生活の指導を重視した集団
　　　　　　身辺自立、コミュニケーション能力の向上をねらいとしている。
　その上で、作業学習・教科学習・課題別グループ学習を柱として、時間割を組んでいる。家庭科の授業は教科学習として週に1回、類型別で行っている。授業時間は、Ⅰ類は1回約2時間、Ⅱ類は1回約1時間である。以前のⅡ類家庭科は、「農耕」（本校での名称）に含まれており、収穫した野菜を使った簡単調理なども行っていた。現在はⅡ類家庭科として独立しているが、「農耕」の授業日と同日に組まれているため、それぞれの担当者が連携をとりながら授業計画を立てている。家庭科的な学習としては、Ⅱ類生徒を対象とした生活単元やクラス単位で行う生活単元、また「しごと・くらし」の授業でも調理などを行っている。

2．単元の概要

（1）単元名
　　家庭科（高等部・1学年Ⅱ類生徒）
　　題材①『剣山いらずのフラワーポット』、題材②『ランチョンマット』

（2）単元目標
・明るく豊かな家庭生活を営むために経験や体験を通して生活への関心を高め、活用できる態度を育てる。
・調理等を友だちや教師と協力して行う楽しさや喜びを感じられるようにする。

（3）生徒の実態
　1学年47名全員が療育手帳（兵庫県はA、B1、B2の3段階）を取得している。Ⅱ類生徒は16名（男子13名・女子3名）で、Aが13名、B1が3名である。16人中12名が本校中学部の卒業生である。身体障害者手帳を合わせ持っているものが5名（1種1級4名、

1種2級1名）いるが、上肢に大きな障害のある生徒はいない。本校の高等部は、公共の交通手段や自転車を利用して自力通学をしている生徒もいるが、Ⅱ類生徒は15名がスクールバスを利用している。

　言葉によるコミュニケーションが可能な生徒もいるが、指示が理解できても指示どおりに活動するには支援と時間が必要となる。自分の名前を呼ばれてもそのことに対する反応が現れない生徒もいるが、教師が平易な言葉を選び身振りをつけて話せば大まかな内容が理解できる生徒もいる。自閉的傾向が強く、新しい場面に適応できず、飛び跳ねたり奇声を発したりしてしまう生徒もいる。しかし、数名を除いて大半の生徒は、ある程度の時間内であれば落ち着いて椅子に座り、学習を続けることができる。

（4）題材について
＜1学期の授業から＞ 『剣山いらずのフラワーポット』
　身近なものを使い役に立つ作品づくりとして、牛乳パックを利用したフラワーポット（花瓶）を作った。作業工程が少ないこの題材は、【牛乳パックを切る】→【パックの側面に模様をつける】という手順で完成する。これまでの経験から、シールを貼ることは、ほとんどの生徒が行えると予想した。そこで、模様をつける工程はテープやシール等を貼るだけの簡単なものにした。色紙はシールタイプのものを用意し、のりを使う工程を省いた。
- 身近にある牛乳パックを使うことで、生徒は抵抗なく活動に入れた。
- 生徒は流れを理解しやすく、比較的少ない支援で作業が行えた。
- 好きな色や気に入った柄のシールやテープを選び、楽しみながら貼ることができた。

＜2学期の授業から＞ 『ランチョンマット』
　2学期に入り、「ミシンを使おう」という授業を行ったところ、ほぼ全員が意識してスタートボタンを押せることが分かった。その授業を発展させた内容として、ミシンを使ったランチョンマットづくりを計画した。しかし、この題材の一番のねらいは、無地の布にミシンで模様を描くことである。
① 生徒が好きな色の糸がセットされたミシンの前に行く。
② スタート・ストップボタンを押して無地の布に模様を描く。
③ ①と②を繰り返し、模様を完成させていく。
- ボタンを押すタイミングにより自分だけの模様が生まれるので、能動的な感覚をもちながら進めていくことができた。
- 手縫いよりも短時間で模様を描くことができ進み具合が目に見えるので、作品が完成してく達成感が味わえ、集中力が持続した。
- 手縫い針を使って刺繍するよりもかなり安全に活動できるので、楽しみながらのびのび活動できた。

（5）指導上の留意事項
　安全に活動することを一番に考えた。生徒がイメージしやすい活動内容を考えることで、サブティーチャーからの指示を極力少なくした。また、シールを貼ったり、ミシンで模様を描いたりする活動では、生徒の個性の現れと捉え、やり直しを行わずに進めた。

3 高等部 「食」以外に関する事例⑦

3．活動の実際

◆題材① 『剣山いらずのフラワーポット』の概要

テーマ：身近なものを使って役に立つものを作ろう。
題材：『剣山いらずのフラワーポット』*1

活動内容及び指導上の留意点	
・作品の見本を見る。 ・牛乳パックと他の箱との違いを考える。 ・新聞広告を使い、クラスで1つごみ箱を折る。 ・説明を聞きながら一斉に作業を進めていく。 　①牛乳パックを底から12cmのところで切る。 　②上から4cmのところまで切り込みを入れ、内側に折り込む。 　③どんなデザインにするか考える。 　④牛乳パックにシール等を貼り付ける。 　　（シール状になっていないものは、両面テープを使って貼り付ける） 　⑤牛乳パックの残りを2cmの幅に3つ切り取り、底の部分に入れる。 　⑥完成したフラワーポットに花を入れる。 ・感想や工夫をした点を発表する。 ・作品を見せ合う。	・花を一輪生けておく。 ・牛乳パックは水に強いことを確認。 ・前回の復習を兼ねた活動。 ・最初にハサミで切るところは、少し力が必要。生徒の様子を見て難しそうなら、教師が切る。 ・好きな色や柄の紙やテープを選ぶ。 ・生徒の意思を大切にする。 ・剣山の代わりとして使用する。 ・Ⅰ類園芸作業班の花を分けてもらう。 ・持ち帰るため、水は入れない。
準備物	牛乳パック、はさみ、油性マジック、定規、シール、色紙（シールタイプ）、ビニールテープ、柄付き折り紙、両面テープ、新聞広告（ゴミ箱用）

*1　雪印メグミルク株式会社のホームページ、『牛乳パックで作ろう「楽しい工作」』を参考。

・本校では、給食後に、各自が牛乳パックを洗う習慣がある。牛乳パックには適度な硬さがあることや、水を入れても大丈夫なものであると分かっているので、安心して活動に取り組めた。
・牛乳パックを切る工程では、マジックで印を付けておくと、どこを切ったらよいか分かりやすく、また、直線のみであるので、比較的少ない支援で活動できた。
・側面に模様をつける工程では、貼る材料（シール、シールタイプの色紙、ビニールテープなど）を用意した。あまり力を必要とせず、操作性が簡単であるので、生徒がねらう場所と大きく違わず貼ることができた。
・貼る材料は、色・柄・材質など様々なものを用意し、複数の中から自分で選択できる場面を設定した。自分の気持ちを言葉で表現することが難しい生徒が多いが、手を伸ばして使いたいものを取ることができるので、自分の力で選ぶ楽しみを味わいながら仕上げることができた。

『剣山いらずのフラワーポット』作品例

◆題材②『ランチョンマット』の概要

テーマ：ミシンを使って役に立つものを作ろう。 題材：『ランチョンマット』	

活動内容及び指導上の留意点	
事前にミシンとアイロンの学習を行う。 ・生徒本人の給食用三角巾と霧吹きを使って、アイロンがけの練習を行う。 ・ミシンのスタートボタンを押して、針が上下しているところをしっかり見る。	ミシンとアイロンの基本的な使い方を知り、安全面に気をつけながら活動する。 スタートボタンの位置を覚える。 縫った後にできる線や模様を楽しむ。
・次の手順でランチョンマットを作成する。 ①使いたい布を各自2枚選ぶ。 ②厚紙で作った型紙に沿ってチャコペンシルで線を引く。 ③指定の大きさに布を切る。 ④好きな色の糸がセットされたミシンを選ぶ。 ⑤スタート・ストップボタンを押して無地の布に模様（線）を描く。 ⑥④と⑤を繰り返し、模様を完成させていく。 ⑦無地の布の裏面にチャコペンシルで縫い線を引く。 ⑧2枚の布を中表に合わせ、まち針代わりの安全ピンで留める。 ⑨縫い線が引いてある面を上にしてミシンで縫う。 ⑩返し口から少しずつ布を表に返す。 ⑪周囲につけてある裁縫用クリップを一つずつ外しながらアイロンをかける。 ⑫時間が経つと消えるタイプのチャコペンシルを使って周囲に縫い線を引き、ミシンで縫う。 ⑬全体に仕上げのアイロンをかける。 ・感想や工夫をした点を発表する。 ・作品を見せ合う。	・無地の布4色から1枚、柄布10柄から1枚を選ぶ。 ・必要があればアイロンをかける。 ・ミシンを複数台用意しておき、それぞれに異なった色の糸をセットしておく。 ・縫いはじめと終わりは、必ず返し縫いを行う。難しい場合は、教師が行う。 ・返し口（縫わない部分約10cm）には線を引かない。 ・角を縫うときは、針を布に刺したまま押さえレバーを上げて向きを変える。 ・返し口を縫わないように気をつける。 ・教師が周囲の縫い合わせた部分を裁縫用クリップで留めておく。 ・線を引くのが難しい場合は教師が行う。 ・返し口が縫えているか確認する。 ・学習の成果を発表する機会として、学校行事に合わせて校内展示を行う。
準備物	ミシン、布、糸、裁ちばさみ、糸切りばさみ、裁縫用クリップ、安全ピン、チャコペンシル（時間が経つと消えるタイプのもの）アイロン、アイロン台

『ランチョンマット』使用例

『ランチョンマット』製作の様子

4．指導上の工夫

（1）題材選び
まず単元の目標に合う題材選びを行った。題材選びのポイントは以下である。
- 様々な用具を使っても安全に活動できること
- 何を作るのか生徒がイメージしやすいこと
- 作業工程が少なく流れが理解しやすいこと、または同じ活動をくり返すことで完成に近づけること
- 作品が完成した後も、本人や家族が日常生活で使用できること
- 作品を持ち帰ったときに家族が喜んでくれることで本人も達成感が得られること

（2）便利品の活用
題材が決まると、すでにある便利なものを活用するように計画した。
- 無地の布に模様を描く場面では、手縫いではなくミシンを利用した。手縫いでは手などを針で刺す心配があるが、ミシンは針が上下する1カ所に注意を払えば安全な道具である。スタートボタンを押すだけでどんどん縫い進められ、手縫いと比べてきれいな小さな目で縫える。また、数倍の速さで仕上げることができる大変便利な道具である。
- 安全面を考えて代用できるものを取り入れた。まち針を怖がって手縫いやミシンがけができなくなる生徒が多いので、まち針の代用として安全ピンを利用した。また、市販の裁縫用クリップも利用した。

（3）簡単な手順
省ける過程はできるだけ省き、簡単な手順を考えた。
- 返し縫いのレバーをタイミングよく押すことが難しい生徒には、返し縫いをする必要がなくなるように、布の端から縫い始め、端まで縫い切るように指導した。
- ランチョンマットで使用する布は、ストライプやチェック柄では、ずれが目立ってしまう。作業工程を減らすために、柄合わせの必要がない布を選んで使用した。

（4）複数の活動パターン
生徒の実態に合わせて同一題材に複数の活動パターンを考えた。
- 堅い牛乳パックをはさみで切る工程では安全面を重視し、次の2パターンとした。
    - （パターン1）生徒が少しチャレンジして残りを教師が切る。
    - （パターン2）はさみを使うことを単元の目標から外し、すべて教師が切る。

（5）支援の工夫
支援を受けながらであっても、生徒がすべての工程を行うことは難しいので、サブティーチャーには、全員に必ずチャレンジさせてほしい内容を伝えた。それ以外の内容については、次の2点を意識して支援を行ってもらった。
1) 生徒の実態に応じて、チャレンジさせるものを決める。
2) 時間内に活動を終わるために、「今日の一番の目標は〜である」と確認して授業を進

める。

成果の上がる授業を行うには、教師の共通理解が大変重要な要素となる。

5．成果と今後の課題

（1）成果

①『剣山いらずのフラワーポット』

　授業後、教室に持ち帰ったときに、授業に入っていない教師や友達から褒められて喜ぶ姿があった。また、作品完成後に花を一輪生ける体験をしたが、花も持ち帰ったことで、間をおかずに家庭で使ってもらえた。そのことで生徒たちは、家族からも褒められ、役に立ったという喜びを感じることができた。「（剣山がなくても）花が立つ工夫があり、さっそく食卓に飾りました」と翌日の連絡帳を通じて保護者の感想が得られた。

②『ランチョンマット』

　細かい作業が難しい生徒も、ミシンのボタンを押すと機械が作動するということを覚え、教師が布のセットをするのが待ちきれない様子で、スタートボタンを押そうとする姿が見られるようになった。単純な活動であれば、同じことを繰り返すうちにできることが増え、学習意欲が高まるということが分かった。本校は、給食時に各自が用意したランチョンマットを使用することになっているが、作品が完成する前から「今あるものが古くなってきているので、出来上がるのが楽しみです」と保護者からのコメントがあった。完成後には、「かわいい作品ができたので、おやつ用に使っています」との感想もあった。

（2）課題

　新しい題材に取り組む前には、家庭で用意してもらうもの（牛乳パックなど）を日数に余裕をもたせてお知らせした。また、完成作品を持ち帰るときには、作品の特徴を説明したプリントをつけるようにした。連絡帳にて感想を知らせてくださる家庭もあった。今後は、家族の感想などを書いてもらう用紙を作品と一緒に持ち帰らせるようにし、家族の感想を次の授業で紹介し、生徒の達成感ややる気をさらに上げていきたい。

　新年度が始まった当初は、新入生の実態把握が十分できていない状況で授業がスタートした。今後は、生徒の実態を詳しく知っている担任と授業のねらいを確認することで連携を深め、効果的な学習をめざしたい。

（3）まとめ

　家庭科を担当するのは今回が初めてで、毎回、題材選びから悩んだ。生徒にとってよい授業であることはもちろんであるが、サブティーチャーにも、「この授業に入ってよかった」と感じてもらえる授業をめざした。教師が（生徒にさせなければならない）とプレッシャーを感じていたのでは、生徒が安心して活動できるはずがない。実際は、毎回、先生方に助けられながらの授業であった。この1年間、生徒は簡単で役に立つことを経験したが、生徒だけでなく担当する教師も十分楽しめる授業であった。

高等部 「食」以外に関する事例⑧

「混ぜればごみ、分ければ資源」ごみを正しく分別しよう

富山県立しらとり支援学校　教諭　吉田 広子・森松 佳子・井内 千絵

1．学校概況と「家庭」の教育課程上の位置づけ

　本校は知的障害対象の小学部、中学部、高等部の3学部からなる、全校生徒256名、58学級（平成26年度）の富山県で最大の特別支援学校である。

　本校の小・中学部の教育課程には、「家庭」の指導時間がないため、「家庭」の内容を「各教科等を合わせた指導」の中で指導している。小学部では、主に「生活単元学習」の中で調理活動や手伝いの内容を、中学部では、「生活単元学習」や「総合的な学習の時間」に、調理や洗濯をはじめとする家事に関する学習を行っている。

　高等部では、1、2年生は週1校時、3年生は2校時「家庭」の時間を設けている。「家庭」の中核をなす実習的な活動に対応するために、1、2年生では同じく1校時で設定している「職業」や「美術」の時間との組み合わせにより、隔週に行うことで2校時続きを確保するようにしている。年間指導計画では、生徒の実態に応じてA〜Cの3グループを設定し、それぞれが高等部3年間で身につけてほしい卒業後の家庭生活、社会生活に必要な「家庭」の指導内容を指導の時期を考慮して割り振っている。
（例：Aグループの指導内容【1年】家庭の仕事、住まいの掃除、栄養と健康、調理の基本、衣服の手入れ【2年】衣服の洗濯、弁当の調理、ごみの分別【3年】人との付き合い、衣服の着装、消費生活、計画的な調理、生活設計、社会人としての身だしなみ）

2．単元の概要

（1）単元名

　「混ぜればごみ、分ければ資源」ごみを正しく分別しよう（高等部2学年Aグループ）

（2）単元の目標

・身近にある使用済みの容器や空箱などが、資源として再利用されることを知り、分別の必要性を理解することができる。
・居住地のルールに従った分別や処理の仕方を知り、家族の一員として自分のできることを見つけ、実行することができる。
・ごみを減らすために自分ができることを考え、日常生活の中に生かすことができる。

（3）生徒の実態

　本学習グループは、軽度または中度の知的障害がある男子5名と女子2名で構成されている。生徒の中には、自分の役割を理解し積極的に行動したり人との関わりを楽しんだりできる生徒がいる一方で、主体的に行動することが難しく教師の言葉かけや促しが必要な

生徒もいる。卒業後は全員が企業や福祉事業所で働くことを希望している。

「家庭」の学習では、家庭での手伝い経験の違いなどで技能面でのばらつきはあるが、全員が示範や手順表、言葉かけなどを手がかりに、一人でチャーハンなどの簡単な調理をしたり、掃除機を使って掃除をしたりするなど意欲的に学習に取り組むことができる。また、栄養バランスのとれた食事の大切さや掃除の必要性など理論的な内容についても、視覚的な教材等を手がかりに順を追って確認することで理解を進めていくことができる。ごみの分別に関しては、調理実習で出た生ごみやプラスチック容器包装などは、置き場所の指示をしないと全部一緒に捨ててしまうことが多い。しかし中には、「プラはどこに捨てますか。」など、分別を意識した質問をする生徒もおり、ごみの扱い方への意識に差が見られる。家庭での手伝いでは、食後の片付けや洗濯物畳みなどをする生徒は多いが、ごみ出しを手伝ったり、資源物としてのごみ処理をしたりしている生徒は少ない。

（4）題材について

「生活する」＝「ごみが出る」といっても過言ではないほど私たちの身の回りには"ごみの元"があふれている。それを資源として生かすか否かは、ほんの少しの心がけや行動で変えられるものであり、今求められていることである。

ほとんどの生徒たちは、「リサイクル（マーク）」や「エコ（マーク）」「地球温暖化」「資源」などの言葉を耳にしたことがあり、それが実際にどのようなことを意味するのかは理解できないものの、難しそうだけど大切なこと、知っていると格好いいことなど、漠然としたイメージはもっている。

そこで、実際の生活で出てくるごみが自分たちの活動で資源となることを実感することにより、ごみの分別の必要性を理解し、進んで分別しようとする意識を高めていきたいと考えた。そして家族の一員として、居住地のルールに沿って分別や処理をしてごみを出し、家族に認められ感謝される経験を積ませたい。さらには地球環境の観点からごみを減らすために、自分たちにできることを考え実践できるようになってほしいと考え、本単元を取り上げた。

（5）指導上の留意点

授業では、毎時間に新たな課題を提示し、実物や映像を使って自分の目で確かめたり、自分の手で作業したりするなど、実感を伴った学習活動の中で課題解決ができるようにした。また、家庭生活に直結させ、家族と一緒にごみの問題を考え実践していけるように、宿題として家族に聞いて調べる、家庭で実際に行うなど、家族を巻き込みながら取り組む活動を取り入れるようにした。

3 高等部 「食」以外に関する事例⑧

3．活動の実際

(1) 全体計画

第1次	『混ぜればごみ、分ければ資源』の意味を考える。　　　　　　　　　　　　（2時間）
	・集積されたペットボトルが他の製品に再生されていく様子と、可燃ごみが処理されていく様子を映像で見る。 ・可燃ごみにペットボトルを混ぜることで、再生して使えるものが使えなくなること、分別することで、新たな資源として生まれ変わることを知る。 ・ペットボトル以外に資源として生まれ変わる物を調べる。
第2次	居住地の分別や処理の仕方、収集する場所や日を調べて実践する。　　　　（8時間）
	・家庭で行っているごみの出し方や処理の仕方について、家族に聞いて調べる。 ・居住地のごみの出し方のルールやリサイクルマークを確認し、分別ボックスを製作して、実際に分別や処理をする。 ・居住地のごみの収集場所や収集日を家族に聞いて調べ、自分が出しに行くことができる場合は、家庭での自分の仕事として位置づける。
第3次	ごみを増やさないために自分でできることを考える。　　　　　　　　　　（2時間）
	・ごみが増えることによって起こる問題について、インターネットなどで調べたり、家族の体験談等を聞いたりする。 ・資源をごみにしない、ごみを増やさないために3R（Reduce：むだなものは買わない、もらわない、Reuse：まだ使えるものは繰り返し使う、Recycle：正しく分別して再び資源にする）の観点から自分でできることを考える。 ・新聞紙や牛乳パック等を利用した"まだまだ使える生まれ変わり製品"を製作する。

(2) 活動の実際　第2次の授業と家庭での宿題

学習内容	指導の手立て・工夫	準備物等／備考
1　（宿題）家庭ではどのようにごみを分別しているか調べよう。		
・ごみの分別をどのように行っているか家族から聞き取り、「捨て方を調べよう」シートに記入する。	・ペットボトルやティッシュペーパーの箱など、日常よく出るごみを中心に、分類、処理方法などを記入できるワークシートを使用する。 ・宿題にすることで、家族から直接話を聞き、ごみの分別が家庭の大切な仕事であることに気づくことができるようにする。	・捨て方を調べようシート（ワークシート①）
2　分別一覧表で正しい分別の仕方や処理の仕方を調べよう。		
・調べてきたことを発表する。 ・富山市のごみの分別一覧表で正しい分別の仕方や処理の仕方を確認する。 ・富山市の分別法と家庭での分別法が違う場合には、正しい方法を「捨て方を調べようシート」に朱書きする。	・各家庭で調べたことを全員で共有できるよう、発表内容を板書する。 ・一覧表の多くの情報の中から、何を確認するか分かり、自分で整理しながら確認していけるよう、重要ポイント部分を（　）に書き込むようにしたワークシートを使用する。 ・家庭での分別法と違う場合には、家庭での「分別リーダー」として家族に正しい分別法を伝えるよう言葉かけをする。	・富山市のごみの分別一覧表 ・ごみの出し方・分け方シート（ワークシート②）

3 リサイクルマークについて調べよう。		
・富山市のごみの分別一覧表から、リサイクルマークの付いたごみの分類名称を確認し、発表する。 ・資源ごみのリサイクルマークを探す。 ・リサイクルの意味を確認する。	・全員で確認できるように拡大したリサイクルマークカードを準備する。 ・「混ぜればごみ、分ければ資源」の学習を振り返り、分別の必要性を確認する。	・リサイクルマークカード
4 ごみを「資源物」「燃やせるごみ」「燃やせないごみ」に分別、処理をしよう。		
・リサイクルマークやごみの種類の名前を書いた分類表示カードを貼り、分別ボックスを作る。 ・グループに分かれ、友達と確認しながらごみの分別と処理をする。 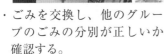 ・ごみを交換し、他のグループのごみの分別が正しいか確認する。	・分類表示カードを貼ることにより分別しやすくなる、家庭でも手軽に製作できることに気づくよう言葉かけをする。 ・処理の仕方が不確実な場合は「ごみの出し方・分け方」シートで確認を促す。 ・ペットボトルなどを水ですすぐときは、水を出しすぎない、洗剤は使わなくてもよいなど、環境に配慮することを伝える。 ・他のグループの分別を確認することで、分別や処理方法の定着を図る。	・様々な種類の資源物や燃やせるごみ、燃やせないごみ ・分別用のかご ・分類表示カード
5 (宿題)「分別リーダーチェック表」を家庭に持ち帰り、実践しよう。		
・「ごみの出し方・分け方」シートを使用して学習したことを家庭で実践する。 ・家庭での取り組みを「分別リーダーチェック表」に記入し、1週間ごとに提出する。	・分別や処理が十分になされていなかった家庭の生徒には、リサイクルマークカードなどの持ち帰りや分別ボックスの製作を促す。 ・「分別リーダーチェック表」には、家族の記入欄を設けてコメントを書いてもらうなどし、家族の一員として自分の取り組みが家庭で役立っていることが伝わるようにする。	・分別リーダーチェック表（ワークシート③）
6 (宿題)居住地のごみの収集場所や収集日を家族に聞いて調べ、「○○のごみ出し当番」を宣言しよう。		
・居住地のごみの収集日や収集場所を家族に聞いて調べる。 ・ごみ出しを自分ができる日や場所を考え"○○のごみ出し当番"宣言をする。	・声に出して宣言することや宣言書に書くこと、宣言書を自宅に貼ることで自覚を促す。	・ごみ出し宣言書

4．指導上の工夫

(1) 実物やWebページの活用

・分別作業の学習では、すべて日常生活から実際に出るごみや、地域で使われている最新

3 高等部 「食」以外に関する事例⑧

図1 捨て方を調べようシート
（ワークシート①）

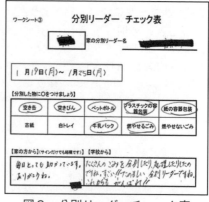

図2 分別リーダーチェック表
（ワークシート③）

版の分別一覧表を使用し、家庭での実践に生かされるようにした。

・集積されたペットボトルが他の製品に再生されていく様子や、ごみが増えることによる弊害の様子等を、映像や写真で視覚的に印象づけることで、ごみに起因する環境問題を身近なこととして捉え、分別の必要性を実感できるようにした。

（2）家庭生活に生かすための工夫

① ワークシートの工夫

・宿題で使用したワークシートは、本人や家族の負担感が軽減できるよう〇を付けるだけなどシンプルなものとした（図1、図2）。

・分別一覧表で正しい分別や処理の仕方を確認する際、必要な情報を整理しやすいように注目してほしいポイントを（　）に書き込むようにした（図3）。

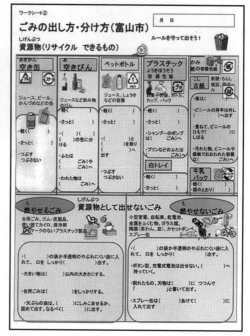

図3 ごみの出し方・分け方シート
（ワークシート②）

② 家庭と学校とのやり取りの流れ作り

・生徒の家族から聞きとり→学校での確認や体験→家庭での実践→学校への報告など、生徒が主体となって家庭と学校がやり取りできる流れを作った。

③ モチベーションを維持させる工夫

・家庭での実践を継続させるためには生徒がやりがいや自信、責任感をもって取り組むことが大切である。分別リーダーチェック表を介して、家族や教師から大いに感謝され褒められる機会を作ったり、宣言書を目に触れるところに掲示するようにしたりすることで、家庭での自分の仕事に対するモチベーションの向上を図った。

5．成果と今後の課題

　第1次でペットボトルのリサイクルの様子を動画で見ることから始めた。「リサイクル」という普段耳にはしていたが曖昧だった言葉の意味を知り、ごみの分別の必要性について理解を深めることができた。このことは、実際にごみの分別を行っていく第2次での学習意欲を大きく高めるものとなった。

　第2次では大量のごみの中から、分別する、水で洗う、つぶす、たたむ、しばるなど、地域のルールに従った処理を繰り返し行った。実際に処理することで、どこにリサイクルマークがあるのか、どのようにすれば効率よくできるのかが分かり、自信をもって意欲的に取り組むようになり、家庭でも「ごみ分別リーダー」として進んで実践することにつながった。学校での調理実習の際にも、生徒が食品の包装を見て「紙のマークが書いてあります。」「プラごみはどこに捨てますか。」と報告や質問をする場面も見られるなど、本単元での学習を別の学習場面で生かすことができた。

　第3次で3R（Reduce、Reuse、Recycle）の観点からごみを減らすために自分ができることを考えたときに、「使わないものは買いません。」「ご飯は残しません。」などの意見が挙がり、環境に配慮したむだの少ない生活を送ることの大切さへの理解につながった。今後の消費生活に関する学習への道筋ができた。

　「家庭」の学習は家庭生活とは切り離せるものではなく、学校での取り組みが家庭で実践されることが大切である。本単元ではワークシートのポイントを絞って分かりやすくし、記入を最小限にしたことにより、全員が宿題をしてくるようになった。また、ワークシートを使って家庭でのごみ処理について家族と一緒に調べたことで、家庭によって処理の仕方に違いがあることに疑問をもち、正しい処理の仕方を知りたいという意欲づけにもなった。そして、ごみの分別を身近なことと捉え、家族の一員としての自分の取り組みが役立っていると実感する機会となった。今まで家族がしてくれていたことを自分自身の問題として捉え、積極的に取り組むことができるようになったことの意義は大きい。今後、他の単元においても生徒の生活に結びつく内容の精選を行うとともに、家庭との連携を一層進めていくことが必要である。

　今回の取り組みでは、対象生徒が知的に中～軽度であったことから、ごみの分別の必要性について知ることから実践への意欲につなげることが有効であった。一方、知的に重度の生徒にはごみの分別の必要性の理解を進めることは難しい。しかし、分かりやすい手順にしたり補助具を使ったり手がかりを示したりするなどの支援の工夫により、ペットボトルのラベルを取る、牛乳パックを切り開く、種類ごとに分別するなどの実際のごみ処理の活動はどの生徒にもできる。またどの場合も、がんばり表などで自分の活動を視覚的に確認できるようにしたり即時評価を行ったりして意欲的に取り組めるようにしているが、今後も工夫が必要である。

　「家庭」の学習において、どのような活動が生徒の主体性を高め、家庭や地域での生活に生きる力となるのか、今後も生徒の姿に学びながら考えていきたい。

高等部 「作業学習」のうち「家庭」的内容を多く含む事例①

はってん祭で販売しよう
~布を使った製品をつくろう~

佐賀県立伊万里特別支援学校　教諭　**畠山 由美子・野田 万里子**

1．学校の概要と「家庭」の教育課程上の位置づけ

　本校は知的障害単一障害の養護学校として昭和54年に開校、平成26年度で36年目になる。開校時は小学部・中学部・訪問教育があり、その翌年に高等部が設置された。平成23年度に肢体不自由教育課程を設置して知肢併置の学校になり、校名を伊万里特別支援学校と変更した。平成27年１月現在の児童生徒数は、小学部32名（訪問教育１名）、中学部23名、高等部43名、合計99名である。就学区域は、伊万里市と有田町の１市１町である。所在地の伊万里市は、佐賀県西部にあり、東側は伊万里湾に面した人口約56,000人の街である。「伊万里・有田焼」の産地として有名であるほか、農業（伊万里牛、果樹）も盛んで、近年は伊万里港の地の利を生かした半導体生産等の工業団地の整備が進められている。

　「家庭」の教育課程上の位置づけは次のとおりである。肢体不自由通常学級は教科として、知的障害課程と肢体不自由重複学級は各教科等を合わせた指導の中に位置づけている。また、高等部は各教科等を合わせた指導に加えて教科としても位置づけている。

　課程の活動については、肢体不自由通常学級では通常の学年相当の授業が教科書を使用して行われている。高等部の知的障害学級と肢体不自由重複学級においては卒業後の生活を見据えて生活の基礎を学ぶ目的で学習している。また、どの学部も生活単元学習や日常生活、作業学習の中で行事等に合わせて衣食住の学習をしている。

2．単元の概要

（1）単元名
　「はってん祭で販売しよう～布を使った製品をつくろう～」（中学部）

（2）単元目標
　・販売へ向けて、丁寧に製品づくりに取り組む。
　・自分の作業内容を知り、時間いっぱい取り組む。
　・あいさつや返事、報告を自分なりの方法で行う。
　・接客の方法を知り、販売当日に実践する。

（3）生徒の実態
　手工芸班は、１年生６名、２年生３名、３年生５名の計14名である。手先が器用な生徒や慎重に作業を進める生徒、機械を扱うことが得意な生徒がいる一方で、動作やコミュニケーション面で支援を必要とする生徒、状況に応じて休憩を設定する必要のある生徒など実態は様々である。

製品を早く作ろうと焦りが見られたり、あいさつ・報告・返事の場面で教師の言葉かけを必要としたりする生徒もいたが、個々に応じた製品づくりを担当したことで、時間いっぱい作業に取り組むことができるようになってきた。また、作業環境や作業内容にも慣れ、製品が完成したときには教師と共に喜びや達成感を味わうことで、意欲的により多くの製品を作りたいという製作意欲が高まっているように見受けられる。

（4）題材について

本単元では、「はってん祭」までの製品づくりと、当日の販売活動を通して、様々な生きる力を養うことを目標とした。製品づくりでは、清潔や安全面に気を配りながら作業を進め、販売することを意識しながら丁寧に製品を作ることを心がけた。汚れがなく形が整い、丁寧に作られた製品がお客様に喜んでもらえる製品であることを理解し、作業前の手洗いや手順どおりに製作していくことの大切さを学んでいくようにした。

これまでの作業内容に加え新製品の製作に取り組むことで、「はってん祭」へ向けての製作意欲を高めていくようにした。また、製品の作り方を確実に理解して手順どおりに作業を進め、責任をもって完成させていくことで、自分の役割を果たしていくことができるようになった。

さらに、毎時間の作業を通し、あいさつ・返事・報告などを繰り返し行うことでコミュニケーション力を高めるようにし、販売での接客マナーを練習する中で、人と関わる態度を養うようにした。自分たちで作った製品をお客様に買ってもらうことで、喜びや達成感を味わい、働くことに、より関心をもつことができた。

（5）指導上の留意点事項

作業技術の向上や接客マナーの習得へとつながるように、毎時間、製品づくり・作業態度・接客練習の3観点について振り返りを行った。製品づくりでは、丁寧に作られた製品の実物を例示した。作業態度では、姿勢や動作が作業の正確さや能率に関係すること、作業環境の整備が安全に影響することについて図や写真を用いて説明した。接客練習では、お互いに評価し合い、接客技術の向上のために、定型の言葉や動作や接客時の注意点を「接客の約束」として具体的に生徒に提示した。これを生徒全員で唱和したり、ペアを組んでロールプレイングをしたりした。

「はってん祭」へ向けて見通しをもって取り組むことができるように、カレンダーを掲示し、作業や「はってん祭」の日程を示した。作業室内でミシンやアイロンなどの機械を扱うため、はじめの会で使用上の注意点を写真や図を用いながら説明した。安全面に配慮して作業ができるように使用場所に注意を促す掲示物を準備した。また、より丁寧な製品づくりを心がけるよう丁寧に作られた製品とそうでない製品の実物を比較できるようにした。作業箇所を確認したり、見通しをもって作業を進めたりすることができるよう実物見本を手元に用意した。また、作業工程の多い製品や複雑な製品については手順書を用意しておいた。製品によっては、いくつかの作業工程に分け、分担作業することで、生徒の実態に応じた作業内容や作業量（目標製品数）の設定を行った。

あいさつ・返事・報告を元気に確実に行うこと、作業途中で分からないことがあれば尋

4 高等部 「作業学習」のうち「家庭」的内容を多く含む事例①

ねることについては、始めの会や終わりの会に限らず、作業全体を通して繰り返し伝えた。また、終わりの会で製作状況を報告し合い、他の製品にも目を向けることができるようにした。販売については、教師によるロールプレイングを見てあいさつの言葉や商品の受け渡しを確認した後、生徒が実際にロールプレイングすることによって体験的に学んでいくようにした。

単元終了会では、作業の様子や「はってん祭」での販売の様子をＶＴＲ視聴することで、製品が売れた喜びを再確認できるようにした。

3．指導の実際

生徒の活動	支援上の留意点	準備物
○あいさつをして入室 ○エプロンをつける ○席に座る	○作業室の入口に「おはようございます。しつれいします。」のカードを掲示しておく。 ○エプロンは、ハンガーラックに掛け、すぐ目につく入口付近に置いておく。	○あいさつカード ○エプロン
1　始めの会 ①始めのあいさつ ②先生の話を聞く	○その日の日直の生徒を確認する。 ○元気にあいさつができるように、言葉かけをする。 ○見通しがもてるように、活動の流れを黒板に掲示しておき、確認する。 ○作業学習の目標を復唱するように言葉かけをする。 ○生徒と一緒に作業学習の目標を復唱する。	○活動の流れ ○作業学習カレンダー ○作業学習Ⅱの目標
2　手洗い	○手を洗いやすいように、石けんはネットに入れ水道に下げておく。 ○丁寧な手洗いの仕方の図を手洗い場に掲示しておく。 ○教師も一緒に手を洗い、必要に応じて手を添えて洗い方を教える。	○石けん ○手洗いの仕方の図
3　作業 　ソックマット 　シューズキーパー 　ブーツキーパー	○作業に必要な材料や道具はトレーに入れて、道具棚に置いておく。道具棚には名札を貼っておく。 ○時間いっぱい取り組むことができるように、生徒の実態に応じて、作業量を調整したり、休憩を入れたりする。 ○教師も一緒に作業をする。 ○実物見本を手元に置いておく。 ○完成品置き場をエプロンの着脱場の近くに設置する。 ○終了の言葉かけをする。	○ミシン ○アイロン ○アイロン台 ○トレー ○ビーズ ○ひも ○ソックマット材料 ○ハーブ　○布 ○綿　○はさみ ○まち針 ○ものさし ○実物見本
4　片付け	○使った道具や材料を道具棚に戻すように言葉かけをする。	
5　掃除	○掃除の手順書（写真と文字付き）を掃除道具のロッカーの前に掲示しておく。 ○教師も生徒と一緒に掃除をする。	

6 エプロンを外す	○ハンガーラックに掛けるように、それぞれの担当が言葉かけをする。	
7 手洗い	○2に同じ。	
8 接客の練習	○模擬販売所を設置する。 ○接客の仕方について確認する。 ○接客用語を確認する。	
9 がんばり表のチェック	○その日の作業態度などについて振り返りを行い、がんばりに応じて赤、黄、緑で評価を行う。がんばったことに対しては、十分に褒める。 ○作業のがんばりを具体的に褒め、次回の作業でもがんばろうと言葉かけをしてシールを渡す。	○がんばり表 ○3段階シール ・赤：よくできた ・黄：もう少し ・緑：がんばろう
10 終わりの会 ①あいさつ ②先生の話を聞く	○がんばり表を見ながら、今日の作業の様子で良かったところを具体的に伝えたり、完成した製品を見て褒めたり、次の作業への意欲につながるようにする。	

4．指導上の工夫

（1）製品ごとの指導の工夫

①ソックマット

　○自分で編む段を認識できるように、段の数え表を準備する。

　○意識をもって編むことができるように、輪の色の種類を増やし、自分で色を選ぶことができるようにする。

　○ソックマット1枚分の材料を準備したり、編みやすいように輪をクリップで留めたりして一人で編むことができるようにする。

②ブーツキーパー・シューズキーパー

　○写真やイラスト付きの手順書を準備する。

　○実物見本を準備し、ハーブや綿の詰め具合を確認できるようにする。

　○きれいな仕上がりになるように、布を返したり、ハーブを入れやすくしたりする補助用具を準備する。

（2）支援全般

見通しをもつためのカレンダー

1日のがんばりを評価するための「がんばり表」

4 高等部 「作業学習」のうち「家庭」的内容を多く含む事例①

完成品置き場をエプロンの着脱の近くに設置

すべての工程に手順書を準備

（3）ソックマットについて
①補助用具

必要数を確認するための数え表

編み確認表（編んだ段にクリップをつけていく）

注意ポイント写真

使用する輪を自由に選べるように色ごとに並べておく。

②一人で編むための支援の工夫

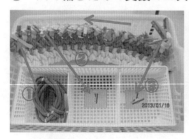
①輪を通す　②クリップを外す　③洗濯バサミを外す　④編む

（4）ブーツキーパー、シューズキーパーについて

布を固定し、ハーブを入れやすくする作業台

布を固定し、ハーブを入れやすくするケース

布返し補助用具
（布の長さにより調整）

実際の活動

5．成果と今後の課題

（1）成果

①完成品置き場を作業エプロンをつける場所の近くに設置し、仕事の始めや終わりの着替えに際して、完成品を見ながら「今日もがんばろう」と意気込みをあらたにしたり、「今日もたくさんできた」と1日のがんばりをねぎらい合ったりする自然な姿が見られるようになった。

②工程によっては、一定量の仕事を終えた時点で次の工程を担当する仲間に中間材料を届けるようにすることで、お互いに「ありがとう」や「お疲れ様」と言葉をかけあうなどのコミュニケーションも生まれた。何気ない工程間のやりとりが仲間意識を高めたようであった。

③生徒が精一杯働いている側で、教師も精一杯働くことで互いの気持ちを分かり合い、共感関係が成立したと思われる。たくさんの仕事量を用意し、生徒も教師も精一杯働き、気持ちを一つにしていく中で、仕事の勢いが増し、やり遂げていく成就感も分かち合えた。

④生徒の活動に応じた補助用具を準備することで質的にも量的にも安定した活動ができ、自信ややる気につながった。また、気持ちよく、手際よく仕事に打ち込めるようになった。「手早くたくさんできる」ことは、何よりの自信となり、意欲を高めたと思われる。

⑤お互いの仕事への意気込みや取り組みが見え、工程順に配置（座席）したことで、「はってん祭」で販売することに向けて、仲間と取り組む一体感を高めることになった。

⑥見通しをもって、仕事に取り組めるように、いろいろな工程を体験することで、実態把握を行い、作業の適性などを考慮し、担当工程を決定した。その結果、最後までがんばる意欲を高めることができた。また、確実に仕事をやり遂げたことが成就感をうみ、次への意欲へつながったと思われる。

（2）課題

今後は、量よりも質にこだわった製品づくり（正確にしるしどおりに縫うことや見本どおりの仕上がり）ができるように支援を工夫したい。また、与えられた課題をこなすだけでなく、思考を伴う体験を通して、自分で失敗を見つけ、そのことを報告できるような態度が身につくように支援を考えたい。

4 高等部「作業学習」のうち「家庭」的内容を多く含む事例②

羊毛加工作業
~生活する力をつける~

北海道鷹栖養護学校　教諭　**福島 秀峰**

1．学校の概要と「作業活動」の教育課程上の位置づけ

　本校は知的障害の児童生徒を対象とする特別支援学校で、小学部30名、中学部45名、高等部25名の合計100名が在籍している。北海道旭川市近郊にある鷹栖町に位置し、豊かな自然環境を利用した学習や公共施設、町内会の協力を得ながら体験的な学習に取り組んだり、町内の学校や施設との交流学習を行うなど地域に根ざした教育活動を展開している。その中で、生徒一人一人のニーズに応じた教育活動を行い、生活や学習上の困難を改善又は克服するために必要な知識・技能・態度を養い、将来、社会の一員として自立し、豊かに生きる人の育成に取り組んでいる。

　高等部では、学校教育目標を踏まえ、小・中学部で培われた生活する力を一層高め、将来、保護者や地域の人の支援を好意的に受け入れながら社会に参加し、精一杯物事に取り組み、いきいきと生活できる教育課程を編成している。

教育内容と育てたい力、各形態との関連

育てたい力	主な内容	中心となる指導の形態
自分の身のまわりのことを自分でする力	排泄、着脱、食事、掃除、持ち物や時間の管理、清掃、調理等	日常生活の指導
働く力	生産、栽培、リサイクル、加工等	作業活動（作業学習）
体を動かす力	歩く、走る、スキー、水泳、ゲーム等	体つくり
社会経験を広める力	公共機関・施設の利用、集団での行動、余暇・趣味等	生活単元学習
人とかかわる力	依頼、要求、応答等コミュニケーションに関すること	全形態
意欲的に取り組む力	活動の意欲・意識、個性の伸長等	

（※「実生活学習」が右側中央に縦書き）

2．題材の概要

（1）題材名

「羊毛加工作業」（対象：高等部1～3年生の7名）

（2）題材目標

「働くために必要な力をつける」

・自分たちが作業で作った物が製品になることが分かる。

・各工程の作業内容や方法を理解して、自主的に取り組むことができる。

・決められた時間内、作業に取り組むことができる。

・道具等の名称や使い方が分かり、安全に注意して作業ができる。

（3）生徒の実態（集団の状況、障害の特性等）

　対象生徒は、高等部1年生から高等部3年生までの男子5名、女子2名、合計7名である。主となる障害は知的障害であるが、身体面、運動面に配慮を必要とする生徒が2名いる。言語面では、単語程度の生徒から、慣れた相手と簡単な会話ができる生徒5名で、2

名は発声や身振りで他者に気持ちや要求などを伝えている。

　生徒たちは、初めての人や新しいこと、急な状況の変化など、環境が変わると対応することが難しく、自分の力を発揮することができず、活動が消極的になりがちである。また、自分でできそうなことでも周りからの支援を待っていたり、支援が必要な場面でも自分から支援を求めようとしないことがある。しかし、周りの人や活動に慣れてくると、学習の流れに沿って、周りの人と活動ができる生徒たちである。

（4）題材について

　高等部では、卒業後、働くことが生活の中心になると考え、作業活動（作業学習）を中心とした教育課程を編成している。作業は、繰り返し取り組めるものを設定し、生徒一人一人のニーズに応じた作業工程を配慮することで、自分でできることを増やし、働くことに意欲を高めていくことを目的としている。題材に取り上げた羊毛加工作業は、いくつかの作業種の中でも、原材料が比較的入手しやすい作業の一つであり、自然のもつぬくもりや感触を楽しみ、味わうことができる作業である。

　羊毛は加工がしやすく、作業の途中でも繰り返し修復ができるなど、扱いやすい素材であり、手先を使う作業が苦手な生徒にも有効である。羊毛を製品化するまでの工程を生徒の能力や技術に合わせて細分化することで、生徒の実態に応じた工程を選択することができ、持続力、手指の巧緻性、コミュニケーション能力などの働くために必要な力が習得できると考えている。

　羊毛製品は、座布団、コースターなどの実用品から、様々な作品づくりの材料として利用することができる。自分たちで完成させた製品が、たくさんの人に実際に利用されることで、作業に対する意欲を高めることができ、将来の「働く力」にもつながると考え、取り組んでいる。

（5）指導上の留意事項

・学習したことや経験したことなどを踏まえ、生徒一人一人の目標を段階的に設定し、充実感、達成感の経験を重ねられるように作業工程や指導内容を準備する。
・作業の説明に加えて支援が必要な場合は、実態に応じながら段階的に支援を減らして、一人でできるようにする。できるだけ、生徒の活動を見守り、生徒側からの支援要求を促すようにする。
・指導者間で指導する内容を共通理解し、様々な視点から捉えられるように指導担当を変えて指導にあたるようにする。
・できたことをその場面で称賛するようにする。ただし、称賛することで逆効果となる生徒に対しては、留意して対応をする。
・生徒の実態に応じて、教材、教具を準備し、配置や表示を分かりやすくする。また、準備や片付け、学習中の移動を考慮した動線の確保など、主体的な活動を促すように環境を整える。
・教室内の広さや明るさ、換気や道具の扱い、服装（マスク、手袋など工程に応じた物を含む）など衛生面や安全面に配慮した学習する。

3．活動の実際

学習内容	指導の手立て・工夫	準備物等／備考
(1) 学習課題の認識、学習の動機づけ　　　　　　　※MT（主に学習を進める）　　ST（MT以外）		
① 始めの挨拶をする	・MTは号令をかける生徒を指名して、挨拶を促す。 ・教師も一緒に挨拶をすることで生徒の挨拶を促す。	・生徒の写真や作業工程、清掃分担の写真カード ・時間配分表 ・各工程で使用する材料、道具等を所定の場所に配置 ※授業の前に準備
② 学習内容を知る	・MTは写真カードを利用して学習の説明をしたり、目標の確認をしたりする。	
③ 作業の準備をする	・MTは生徒名を順番に呼んで準備を促すことで、生徒同士が道具を持って接触したりしないように安全に配慮する。 ・STは生徒の活動状況に応じて言葉かけや身振りで活動を促す。	
(2)「羊毛座布団の製作」　　　　　（※各工程①〜⑤を生徒がその日に担当する工程を行う）		
① 羊毛ちぎり ・羊毛をちぎりほぐす ・ちぎった羊毛を籠に入れる ・籠の中の羊毛をコンテナに入れる	・ちぎりほぐす1回の羊毛の分量は、手のこぶし程（3〜5g）の量を目安とする。 ・どの程度ちぎるのか、見通しがもてるように、ちぎる回数（10回、20回）を決めたり、教師が近くで一緒に行ったりして、終わりを示す。 ・羊毛をちぎる前と後に分けて、籠に入れる。	・「ちぎり」用の羊毛 ・羊毛を入れる籠 ・コンテナ「ちぎり」と表示しておく ・ちぎり終えた羊毛「ハンド」へ
② ハンドカーディング ・カーダー板に羊毛をつけてからとかす ・カーダー板やハンドカーダーの針の間に入った羊毛を釘でとる ・籠の中の羊毛を「ドラム」と表示をしたコンテナに入れる	・カード板に1回分につける羊毛は、手のこぶし程を2〜3個分（6〜9g程）の量を目安とする。 ・繊維が一定方向になるように上から下にとかす。 ・見通しをもって取り組むことが難しい生徒は、とかす回数を（10回や20回などと）決めて、とかす回数を数える。 ・カーダー板やハンドカーダーは全表面が針状になっているため、扱いは、注意するようにはじめに伝える。また、釘も事前に注意をしておく。	・「ハンド」用の羊毛 ・羊毛を入れる籠 ・カーダー板 ・釘 ・ハンドカーダー ・ハンドを終えた羊毛は「ドラム」へ
③ ドラムカーディング ・「ドラム」と表示されたコンテナから25gの羊毛を準備する ・少量（9g程）をドラムの台に均等に置く ・台に置いた羊毛がドラムに付着して	・羊毛の正しい量や計量方法を説明や手本を示すなどして理解を促す。 ・羊毛の量やセットが難しい場合は、3つの小皿に（3×3g程）分けて入れることで羊毛の量を調整したり、3つの小皿とドラムの台の左・右・中央の部分に3通りの印を付け、同じ部分に羊毛を置いたりするようにする。 ・見通しをもって取り組めない場合は、ドラムカーダーのハンドルが軽くなるまで回したり、ハンドルを回す回数（20回）を決めたりして回す。	・「ドラム」用の羊毛 ・ドラムカーダー ・小皿 ・千枚通し ・ドラムカーディングを終えたシート状の羊毛を入れるコンテナは「カード」と表示しておく

第2部 実践編

繊維が一定方向になるまでハンドルを回す ・千枚通しでドラムから羊毛をはがす ・ドラムからはがした羊毛をコンテナに入れる	・羊毛をドラムからはがす際、ドラムを少しずつ回転させながらドラム表面の針の間に入った羊毛を千枚通しで浮かし、羊毛をはがす。 ・ドラムの全表面が針状になっているため、注意するようにあらかじめ伝えておく。また、千枚通しの扱いにも注意をするように促す。	
④ フェルト化 ・洗濯ネットに羊毛のカードを5枚重ねて入れ、薄型容器に入れる ・洗剤入りのバケツのお湯(40℃)を2500mL薄型容器に入れる ・羊毛の繊維が合わさるように手で押し洗いをする ・重ね合わせたカードを脱水する	・はじめは、フェルト化の手順表を使いながら作業を促す。 ・洗剤はおおよその量(キャップ1/5)を用意しておき、お湯と混ぜるようにする。 ・時間は、タイマーを利用して、5分間計るようにする。5分で裏返す。同様に5分間行う。4セット行う。 ・カードは、洗濯ネットに入れ洗濯機で脱水する。 ・実態に応じて、洗濯機の操作部分に印を付けて操作する部分を示す。 ・脱水したカードは、底に細かな穴の開いた薄型容器に入れて乾燥させる。	・羊毛のカード ・薄型容器 ・底に細かな穴の開いた薄型容器 ・バケツ ・計量カップ ・洗濯機 ・洗濯ネット ・少量の洗剤 ・お湯(40℃)10L ・タイマー 
⑤ 刺しゅう ・刺しゅう針に毛糸を通して、玉留めをする ・フェルトの端の部分のかがり縫いをする	※5枚重ねたカードを「フェルト」 ・刺しゅう針に毛糸が通らないときや、玉留めが難しい場合は、教師が一緒にするなど支援をする。 ・フェルトの端の部分のかがり縫いは、実態に応じて「刺しゅう縫いガイドシート」を使う。	・刺しゅう針・糸 ・ガイドシート

（3）振り返りと反省

① 作業の片付けをする ② 清掃をする ③ 学習内容を振り返る ④ 次時の予告 ⑤ 終わりの挨拶をする	・MTは作業の片付け、清掃をするように全体に言葉で促す。 ・STは生徒の活動状況に応じて言葉かけや身振りで活動を促す。 ・個別の目標について反省を促す。 ・次時の課題を発表する。 ・MTは生徒に挨拶を促す。 ・MT、STは一緒に挨拶をする。	～生徒の評価のポイント～ ・作業工程を理解しているか。 ・主体的に活動できたか。 ・決めた時間、作業ができたか。 ・安全に作業ができたか。 ・困ったときに支援を求めていたか。

ハンドカーディング：カーダー板に羊毛をつけて、ハンドカーダーで上から下に引きながら羊毛の繊維をそろえる。
ドラムカーディング：小さい筒状の前の部分に羊毛を置き、ハンドルを回転させて羊毛をドラムに絡ませて繊維をそろえる。

4．指導上の工夫

(1) 学習の説明について

　学習内容は、言葉だけではなく視覚からの情報も取り入れながら説明をした。生徒一人一人がどの工程を行うか、黒板の写真で確認することで、理解を得ることができた。

　写真の裏に磁石が付いており、生徒の実態や状況に応じて、(生徒の正面に)移動しての提示も可能である。

(2) 作業の準備について

　作業の準備は、生徒名を順番に呼んで準備を促すことで、生徒同士が道具を持って接触したりしないように安全に配慮した。

(3) 羊毛ちぎり、ハンドカーディング、ドラムカーディングについて

これらの工程は単純で同じ作業の繰り返しのため、終わりが分かりづらく、見通がもちにくい。

　そのため、それぞれ、回数を決めて取り組むことにした。最低10回、最高20回。

　例】羊毛ちぎりでは、10回ちぎっても、不純物が十分に取れていないこともあるが、次の羊毛をちぎり始めるようにした。

(4) 刺しゅうについて

　フェルトの端の部分のかがり縫いは、実態に応じて、「刺しゅう縫いガイドシート」を使って縫うようにした。この教材を利用することで、刺しゅうが一定の間隔でできた。

刺しゅう縫いガイドシート

(5) 学習（指導）場面において

　称賛は、その場で、具体的によい部分やできたことについて褒める。

　生徒の支援は、すぐではなく、少し間を置き生徒の様子を見守り、生徒からの支援の要求や必要な場面に対し、実態に応じたできるだけ少ない支援をする（ただし緊急時は除く）。

(6) 振り返り（反省）

　目標についての反省は、できた部分を評価し、称賛する。

5．成果と今後の課題

(1) 成果

・工程を細分化することにより、生徒の実態に合った作業内容を用意できた。

- 指導の手立てを工夫することにより、作業の流れや活動の見通しをもつことができるようになった。
- 活動を繰り返し取り組むことで、自信をもち自主的に活動を行うことができるようになってきた。また、分からないときに質問したり、困ったときに支援を求めたりすることができるようになってきた。
- 今年度は、数年に一度の羊毛の仕入れ時期だったことで、はじめの羊毛洗いの工程を集中的に実施できた。羊毛から製品化の一連の流れを体験することができ、製品化への意識化につなげる機会となった。
- 学習のまとめで「学習の振り返り」（一人一人の評価）を行うことで、生徒自身の課題をみつけることができた。

（2）課題

- 「羊毛ちぎり」「ハンドカーディング」「ドラムカーディング」の工程は、終わりが分かりづらく、見通しがもちにくい。そのため、ちぎる、とかす、回す回数を指定することで終わりを理解できるようになったが、工程の仕上がり具合を意識することは難しい。
- 生徒のニーズに応じた新製品の開発、製作手順など検討を要する。
- 羊毛は、数年に一度（7～8年間分）大量に業者から仕入れるため、保存のためにある程度の広さがある場所を必要とする。
- 業者から仕入れた未処理の羊毛は、汚れや不純物が多く付着し、臭いもあるなど衛生面に課題がある。

〈出来上がった製品〉

フェルトボール

羊毛座布団

コースター

（3）今後に向けて

　羊毛加工作業に限らず、様々な学習場面で働く力として、身につけたことを実際の社会生活に確実に移行することは、卒業を間近にひかえた生徒にとって新たな課題となってくる。

　そのためには、多くの場面で経験を重ねることや、保護者や地域と連携を図り、培った力を生かす経験も必要である。

　そこで大切なこととして、「言葉かけなどの促しで行動する」のではなく、自分の意思で判断して行動できる力である。

　今後は、何をするのかが分かる作業工程表や、必要な道具がどこに何があるのかが分かるような表示と配置の工夫をしたりするなど、環境を整え、準備から片付けまでの流れを主体的に取り組める力を育てていきたい。また、想定外のときには、自ら支援を求めることや報告ができるように指導することで、自立を促したいと考える。

高等部 「作業学習」のうち「家庭」的内容を多く含む事例③

作業学習
農業・サービス班の実践 「あぐりかふぇを成功させよう」

福島県立西郷養護学校　教諭　大和地 香子

1．学校の概要と「家庭」の教育課程上の位置づけ

　本校は福島県中通りの南部に位置し、昭和48年に西白河郡西郷村立養護学校を開設、昭和49年に福島県立西郷養護学校と校名を変更した。平成25年度には創立40周年を迎えた、知的障がいのある児童生徒を対象とした特別支援学校で、小学部44名、中学部24名、高等部60名が在籍している（平成26年5月21日現在）。

　高等部では「特別支援学校高等部学習指導要領」をもとに教育課程を編成しており、通常の学級では「家庭」を必修として取り上げている。目標の中に「家庭生活を営む上で必要な被服・食物・住居などに関する実際的な知識と技能を体験や実習を通して指導する」という文言があり、主に食物と被服に関する授業を中心に学習を進めている。さらに、高等部の目標の中には、「健康の保持増進」の言葉や「学習活動や社会体験等を通して、望ましい人間関係と社会性の向上を図る」「自ら考え行動できる力や働く力を育てる」などの記述がある。健康面で毎日の食事や栄養管理が欠かせないことや、社会性を養うために「挨拶・言葉づかい」や「衛生・清潔・身だしなみ」などの基本的生活習慣を身につける必要があることなどからも、家庭の授業で教えるべき内容が卒業後の生活や進路決定において、必要不可欠であると考える。

2．農業・サービス班の紹介

　本校の作業学習には、「縫製班」「木工班」「窯業班」「手工芸班」「農業・サービス班」の5つの班がある。「農業・サービス班」の活動内容は、大きく2つに分けられ、「通常作業」と「通常外作業（一時的なもの）」がある。前者には、校舎内をきれいにする「清掃」、野菜を作る「畑作業」の2つがあり、後者には、印刷・製本や菓子箱折りなど、外部からの依頼を引き受ける「委託作業」、駅構内などの複数店舗に各班の製品を置いて販売してもらう「納品活動」、日々の活動が技能大会に結び付く「ビル・クリーニング」と「喫茶接遇サービス」の3つがある。中でも、3つ目の「ビル・クリーニング」「喫茶接遇サービス」学習は、県障がい者作業技能競技大会（アビリンピック）において、平成25年度に「ビル・クリーニング」部門で、平成26年度に「喫茶接遇サービス」部門で、それぞれ出場生徒が1位を受賞するなど、好成績をあげている。この2部門の学習には希望生徒が取り組むのだが、どの生徒も技術力を高めたいという意欲があり、進路についての目的意識も高い。今回は、「喫茶接遇サービス」の学習に取り組んだ生徒を中心に、やしお祭（学習発表会）で開催した模擬喫茶店「あぐりかふぇ」の営業に関する、家庭的要素のある単

元の取り組みを紹介する。

3．単元の概要

(1) 単元名
「あぐりかふぇを成功させよう」（農業・サービス班）

(2) 単元目標
①活動内容を理解し、自分たちが栽培した作物を使用して意欲的に調理や接客、販売を行うことで、達成感や成就感を味わうことができる。

②挨拶、接客、報告等をしっかり意識しながら、活動に取り組むことができる。

(3) 生徒の実態
　平成26年度の農業・サービス班は、高等部1年1名、2年2名、3年8名、計11名で編成されている。平成25年度は19名だったが、①活動にかなりの体力や集中力が必要とされる、②作業が多種多様である、③休憩がないなどの理由から、年度によって希望者数にばらつきがある。本校の中でも知的能力の高い生徒が比較的多く、卒業後は企業就職を希望する生徒の割合が高い。知的障がいを有し、人前に出たり話したりすることが苦手であったり、精神的不安に陥りやすい生徒もいるが、作業班で活動していくうちに、人前で話すことができるようになったり、自分の体調を教師に伝えることができるようになったりと改善傾向が見られている。全体的には、教師の話を素直に聞き入れて、皆と同じ活動をすることができる生徒たちである。

(4) 題材について
　「あぐりかふぇ」とは、本校で毎年10月に行われる学習発表会「やしお祭」のイベント活動で、「アグリカルチャー＝農業」の言葉から生徒たちが考えた喫茶店名である。店内では、自分たちが学習の中で育てた野菜を材料として作った菓子を、飲み物とセットにして提供する。今年は、ヘルシーで甘さ控えめなところをアピールした「かぼちゃを使った豆乳ケーキ」を作った。生徒たちは調理に強い関心をもち、家庭の授業でも意欲的に活動している。また、調理技術は卒業後に自活するために、なくてはならないスキルの一つであると考え、作業学習でも作物の加工品を作って販売するなどの調理活動を取り入れている。

　一方、この班の生徒は農作業を交替で体験しており、頑張って手をかけた分だけ、よい野菜が多く実ることを身をもって知っている。また、地域の高校の農業科との交流及び共同学習を通して、牛や鶏とふれあい、野菜を加工したり作物を調理したりすることで、食事のときに生き物に感謝する気持ちを育んでいる。そして自分たちが育てた野菜を加工食品にしてお客様に提供し、喜んでもらうことで、自分たちが頑張ってきた努力が報われたのだということを実感してもらいたい。さらに、接客の学習を続けてきた生徒たちが、実際に外部の方々に応対し、評価をいただくことで、自分の長所や短所を改めて知ってほしいという理由から、この題材を設定した。

　ここでは、主にやしお祭に向かっての調理活動、あぐりかふぇの準備と当日の運営と接

4　高等部　「作業学習」のうち「家庭」的内容を多く含む事例③

遇サービスについて述べる。

（5）指導上の留意事項

①調理活動：衛生面、安全面に気をつける

・服装、マスク、爪や髪の毛などの身だしなみを整える。また、包丁や火の取り扱いに注意し、事前に言葉かけを行う。調理品50ｇ分は、検食用として２週間冷凍保存する。

②喫茶接遇サービス練習：生徒の様子をよく観察する

・生徒は日々体調や精神状態が異なるため、常に担任と情報の共有を図る。本人が「今日は無理です。」と申し出た場合等は、無理をさせず、見学をさせたりして様子を見る。

４．活動の実際

（1）平成26年度　農業・サービス班　年間指導計画

領域・教科名	作業学習【農業・サービス班】			総時数353時間
【ねらい】 ○作業内容を理解し、周囲と協力をしながら効率よく作業をすることができる。 ○清掃や農耕に使用する用具の正しい使い方を理解し、作業に集中して安全に取り組むことができる。 ○挨拶、返事、報告を主体的に行い、場に応じた適切な言葉づかいを身につける。				
月	農耕	清掃	喫茶サービス	加工・販売
4 5 6 （校内実習）	・土、うね作り ・苗の定植① 　（じゃがいも、さつまいも、かぼちゃ、とうもろこし）	・清掃マニュアルを覚える （道具の使い方、掃除の手順）	・接遇に関する基本的知識、技能の習得 （言葉づかい、マナー）	・加工・販売についての計画確認
7 8	・土寄せ、除草 ↓	委託作業（千駒酒造の酒箱折りなど）		
		県支援学校作業技能大会への出場（代表者）		
		・廊下、教室、トイレ、窓清掃		
9 10	・野菜の収穫① ・定植②（大根、白菜） ・野菜の袋詰め、値札貼り	・廊下・教室、トイレ、窓清掃	・やしお祭に向けた準備（喫茶店の掲示物、メニュー表作成、接客練習など） ↓	・やしお祭用メニューの決定、試作、加工調理（豆乳ケーキ） ↓
11 （校内実習） 12	やしお祭野菜販売 ・野菜の収穫②	県アビリンピックへの出場（代表者）	やしお祭喫茶店「あぐりかふぇ」の営業	・食品加工 （冬至かぼちゃ、大根、白菜の浅漬け） ↓
		委託作業（酒箱折り、銀行のカレンダー丸め作業など）		
1〜3	・土作り、ビニールハウスの補修	・校舎内清掃、ワックスがけ		
【その他】 ・えきかふぇSHIRAKAWA、ギャラリー野の花、ネッツトヨタへの納品活動は定期的に実施する。				

(2) 喫茶接遇サービス（やしお祭）の活動内容

【ねらい】
○作業内容を理解し、周囲と協力をしながら効率よく作業をすることができる。
○実践的な接遇を通して、接客における基本的態度や技術を身につける。
○挨拶、返事、報告進んで行ったり、場に応じた適切な言葉づかいを身につけたりすることができる。

学習内容	指導の手立て・評価	準備物／備考
【接遇練習】（全10時間） ①過去のVTR視聴 　喫茶接遇サービスの流れの確認 ②客1名に対する接客練習 　VTR録画 ③VTRで振り返り 　客1名に対する接客練習（改善） ④客2名に対する接客対応 　評価項目による相互チェック 　自己反省 ⑤当日の反省 （アンケート集計と振り返り）	・喫茶接遇サービスの基礎的な知識を理解するために、テキストや録画VTRを活用する。 ※基礎的知識や技術が理解できたか。 ・教師が実際に示範する。 ※教師と同じ接客を意識しながら、手順通りに練習ができたか。 ・基本的な技術や態度を身につけるために、繰り返し練習を促す。 ※落ち着いて丁寧に接客ができたか。 ・お客様の意見を見せることで、個々が振り返られるようにする。 ※良かった点、改善すべき点が理解できたか。	・TV、PC ・県支援学校作業技能大会用マニュアル ・エプロン、三角巾、筆記用具 ・店内想定の品一式 ・アンケート ※反省は「あぐりかふぇ」全体の振り返りを行う。
【調理】（全10時間） ①メニューを決める ②豆乳ケーキ作り（試作1） 　材料の計量方法と調理手順の確認 ③豆乳ケーキ作り（試作2） 　材料の配合によるかたさの比較 ④豆乳ケーキ作り（試作3） 　試食による調理菓子の決定 ⑤⑥豆乳ケーキ作り（本番用1〜2）	※仲間と協力してメニューを決めることができたか。 ・黒板に調理の手順を掲示し、分担を決めて作業を促す。 ※教師の話をよく聞いて、安全や衛生面に注意したり、分量を正確に測ったりして、丁寧な調理ができたか。 ※仲間と話し合って作業を分担し、効率よく調理や片付けができたか。	・エプロン、三角巾、筆記用具 ・調理器具一式 ・菓子材料一式
【ディスプレイ】（全8時間） ①ディスプレイの準備（1〜3） ・会場設営、飾りつけ ②片付け	・当日慌てないように、効率のよい動線を考えた店内配置を考えられるようにする。 ※店内想定がイメージできたか。 ※班のメンバーと協力して家具の配置、装飾や片付けができたか。	・装飾材料一式 ・カウンター ・テーブル ・いす ・カトラリー等
【当日営業】（約2時間） ・「あぐりかふぇ」の営業 　（豆乳ケーキセットの提供）	・仲間と連携して、丁寧な接客や応対ができるように言葉かけをする。 ※仲間と協力して営業ができたか。	・店内想定の品一式

5．指導上の工夫

（1）喫茶接遇サービス練習

①せりふの練習（反復練習）

　農業で作成した「7つのせりふ」を、作業の朝礼時に必ず全員で復唱する。同時に、各せりふに合わせた会釈練習も行った。何度も繰り返し行うことで、意識していなくても、自然に態度に出るようになることをねらいとした。

②視覚的教材の使用

　言葉だけでは分かりづらいので、県支援学校作業技能大会用の接客マニュアルプリントを用意し、内容を確認しながら、手順を説明した。

「7つのせりふ」

③生徒の実態に応じた支援

　教師の模範演技を見て、すぐに同じ接客ができる生徒もいれば、緊張のあまり入室から全くできない生徒もいる。スムーズに動くことができない生徒には、あせらずゆっくり行うように言葉かけを行ったり、教師がそばについて、アドバイスをしたりする。

④自己評価、他者評価の実施

　一連の接遇サービス練習をVTRに録画し、それを自分の目で確認したり、仲間の練習内容を一つ一つチェック項目で確認して相手にアドバイスすることで、自分についても振り返り、良い部分と改善すべき部分をより明確にできるようにする。

⑤全員が喫茶店内の様々な役割を一通り経験する

　当日の役割の練習だけでなく、接客の練習、レジ係や客、厨房係などを交替で経験させることで、様々な視点から、ものを見る力を養えるようにする。

⑥様々な客に対応できるように、**毎回違う先生や生徒にお客様役を依頼する**

　本番は通常の練習より緊張する上、予想外の出来事が起こる場合が多い。常に緊張感を維持するため、様々な方にお客様役を依頼した。また、その都度接客の感想やアドバイスをいただくことで、生徒自身も応対について再確認をすることができた。

⑦**本人の努力を認める**

　生徒のやる気を引き出すために、接遇サービスの練習に参加していること自体を「頑張っているね。」と称賛する。また、予習をしてきていたり、前回よりもできている部分があれば大いに褒めて本人の努力を認め、自信や達成感をさらに引き出せるようにした。

練習の様子　　　　　　　　　「あぐりかふぇ」の様子

（2）調理活動
①生徒の意見を尊重する
　「あぐりかふぇ」で作るメニューは、教師が主導で決めるのではなく、収穫された農作物の中から調理できるものを生徒たちに考えられるようにした上で最終的に決定した。そうすることで、生徒たちの士気を高め、やる気が起きた。
②調理は生徒たちに任せる
　かぼちゃの切り方や、オーブンの使い方、調理方法などを教師が示範した後は、基本的には準備から片付けまでのすべてを生徒たちに行った。生徒たちは自ら作業を分担し、協力して調理を行うことができた。

6．成果と今後の課題

（1）実践を通して、感じた生徒の変化
　今年度、「あぐりかふぇ」の営業に初めて携わった一部の生徒たちは、初めての経験の連続で、最初の頃は不安な様子や緊張が見られていた。しかし、調理活動を行い、提供するメニューの形が決まってきたり、接客の練習を続けていくうちに少しずつ自信がつき、声が大きくなったり笑顔が見られたりするようになってきた。そして当日のセットメニューは約55セットが完売し、生徒たちも安堵と喜びの表情を浮かべていた。お客様からの評価も高く、生徒たちも達成感を得たようであった。今回のように一人ではなく、仲間と協力し合い、考えながら行動することで物事を成し遂げるという経験は、大きな自信となり、そこで培われた積極性や協調性は、社会人になった後も大いに役立つと思われる。

（2）教科「家庭」との関連性について
【目標：明るく豊かな家庭生活を営む上に必要な能力を高め、実践的な態度を育てる】
　今回の単元では、教科「家庭」に関連する部分がいくつかある。被服の分野では、ＴＰＯにあった服装という部分で、「接客の際に行う身じたく」が、また食物の分野では、「菓子の調理」が、そして住居のインテリアの部分で、「店内想定を含めた装飾」などが当てはまる。「家庭」で扱う内容は、常に「生きる力」と直結しており、様々な授業で関連してくると思われる。さらに、少ない授業時数の中で、いかに効率よく内容を盛り込むかも教師の力量にかかってくると思われる。「家庭」としての授業だけにとらわれず、様々な視点から「家庭」の内容を盛り込んだ授業を組み合わせていくことが、これからの教育には大切なのではないかと思う。

（3）今回の実践を振り返って
　本校の「家庭」の授業は、現在学年別で行っており、生徒の能力や技術もかなりの差が見られるため、常に平均的なレベルの授業展開を行っている。しかし作業班は、ほぼ同レベルの生徒の集団で、今回のように生徒主体で物事を決定させて作業を進める指導ができたことは、生徒だけでなく私自身にとってもより達成感の得られるものとなった。特別支援学校では、生徒によって教え方も多種多様である。これからも、生徒の実態に合わせた指導方法や教材研究を模索しながら、日々精進していきたい。

4 高等部「作業学習」のうち「家庭」的内容を多く含む事例④

地域・産業界との連携を通して「働く力」を育成する家政コースの取り組み

岡山県立倉敷琴浦高等支援学校　教諭　岡田 晶子

1．学校の概要と「家庭」の教育課程上の位置づけ

　本校は、就労による社会的自立に必要な知識・技術と実践的な態度を身に付け、社会の一員として主体的に社会参加し、よりよい生活を築く力と豊かな人間性を育むことを教育目標とした、高等部職業科単独の特別支援学校（軽度の知的障害）である。職業教育に重点を置いた教育課程は、職業に関する専門教科（環境サービス・家政・流通サービスの3コースと、受託作業、接遇実習）と共通教科からなっている。専門教科では、就労に必要な知識・技能・態度の育成を、共通教科では、国語や数学などの教科学習で、生活に必要な幅広い知識・技能の習得をめざしている。「家庭」は教科の内容で、生活に関わりの深いものを「生活学習」の時間で取り組んでいる。職業科の「家政」ではより専門的な内容に取り組んでおり、今回は「家政」について取り上げる。

指導形態別等の授業時数

各教科等		国語	算数	音楽	美術	保健体育	職業	外国語	情報	生活学習◆	総合的な学習の時間◆	家政	流通サービス	環境サービス	受託作業	接遇実習	ホームルーム	合計
週時程の授業時間数	1年	2	2	1	1	3	1	1	1	4	1		▲10		2		1	30
	2年	2	2	*2		3	1	1	1	4	1		▲10		2		1	30
	3年	2	2	*2		2	1	―	1	4	1		▲12		2		1	30

＊2年次、3年次の音楽、美術については、どちらかを選択して履修する。
▲専門教科の「コース」については、1年次前期（トライアル期）には、3コース（家政、流通サービス、環境サービス）とも体験学習を行う。全コース体験後いずれかを選択し1年次後期に基礎学習を行う。2年次から正式にコースを決定し、発展・応用学習を行う。
◆「生活学習」は、社会、理科、家庭等を中心に、各教科を合わせた指導として設定し、自立した生活を営むために必要となる個人生活、家庭生活、社会生活に関する内容を学習する。校内だけでなく、校外（地域）にも学習の機会や場を求め、体験的な学習や具体的な経験を積み上げ、実生活に活用できる力を育てる。
※総合的な学習の時間は、特定の期間に設定して行う。平成27年度から年次進行で時間割の中に位置づける。

2．単元の概要

（1）単元名
　繊維の街、児島から琴浦布工房プロジェクト
　　〜職業科における地域活性化の取り組み（家政コース1年）

（2）単元目標
　繊維の街児島という地域の特性を活かした取り組みを通して、縫製技術の向上だけでなく、自らが考え工夫する力の育成をめざす。また、ものづくりのおもしろさに気づき、地域に貢献する意識をもつ。

（3）生徒の実態

　家政コース１年生８名（男子３名、女子５名）は、９月から家政コースでの学習に本格的に取り組んでいる。ほとんどの生徒は、中学校の家庭科でミシンを使って布小物を作った経験はあるが、本格的に縫製を学ぶのは初めてである。手先を使った細かく根気がいる作業内容が多いが、落ち着いて作業に取り組める生徒がほとんどで、将来、縫製関係の仕事に就きたいと思っている生徒もいる。言葉だけでの説明よりも、一緒に図で示す方が理解しやすい生徒、短期記憶が苦手で毎時間はじめからの説明が必要で知識が定着しにくい生徒がいる。障害受容ができておらず、コースでの専門的な学習に気持ちが向きにくいことがある生徒など、実態は様々である。

（4）題材について

　工業用ミシンを使うことで、ミシン操作の技術の向上をねらうとともに、使ったことがある、使えるということで自信をもって前向きに取り組める力を育てていきたい。また、児島産業振興センターの利用や催し物への参加等、地域を意識する機会を設定し経験させることは、地域に育ててもらっていることを実感でき、地域貢献の意識や働く意欲をもつことにもつながっていくと考える。

（5）指導上の留意点

　販売体験では、自分たちが作った物をお客様が買ってくれるのを見たり、直接声をかけてもらったりすることで、地域との関わりを意識することにつながると思われる。そのため、地域の催し物等に参加し、経験の幅を広げていくようにした。加えて、安全を意識して作業することを毎時間の授業で繰り返し声をかけていくようにした。

３．活動の実際

（1）児島産業振興センターでの現場授業（９月～翌年３月）

　家政コースでの学習が本格的に始まる９月から毎週木曜日は地元の児島産業振興センターに出かけ、現場で授業を行っている。現地集合・現地解散とし、昼食と昼休憩の１時間以外は作業に取り組むことで、作業時間を多く確保でき、より現場に近い状況の作業を行うことができる。生徒たちは、工業用ミシンを使った小物づくりができる「地場産業ワークスペース」を使用させていただいている。

一日の流れ	
9:00	作業開始 ＜作業＞
12:00	昼食・休憩
13:00	＜作業＞
15:40	片付け・反省
16:00	解散

同じフロアに壁一つ隔てて縫製の専門家が働いているという環境であり、生徒の作業の様子が専門家の方の目にとまる機会も多く、ミシンの使い方、布の裁断の仕方等については、専門家ならではの視点でアドバイスをいただくこともある。

＜工業用ミシンの基本操作＞（初日と２回目の２日間）

　工業用ミシンは学校の家庭用ミシンよりも速度がある。仕事では、その速度をフルに活

4　高等部　「作業学習」のうち「家庭」的内容を多く含む事例④

用して操作しなければいけない。しかし、決して危険な機械ではなく、基本を正しく守って使えば誰でも安全に能率よく使いこなせるものである。そのためにもミシン操作の基本をしっかり学ぶ必要がある。テキストとしては、「アパレル工場社員テキスト」を参考にした。

学習内容	指導の手立て・工夫	準備物等／備考
ミシン基本操作練習	・布を扱うため手先のケア（爪を短く整える、手荒れ防止のハンドクリーム等を塗る）をする。	・工業用ミシン
・「仕事にふさわしい身だしなみ」「座り方」「ペダルの踏み方」を知る	・髪が顔にかからないようにピンやゴムでまとめる。 ・服の袖口をきちんと留めるように促す。 ・針が身体の中心になるように座っているか確認する。 ・ペダルには両脚を平行に置くと力が均等に入りやすく、細かい操作がしやすくなることを伝える。	・「アパレル工場社員テキスト」
・家庭用ミシンとの違いを知る	・糸かけ、下糸（ボビンケース）、膝上げ装置（押さえの上げ下げ）、タッチバックスイッチ等一つずつ説明し、実際に操作してみる。 ・上糸は家庭用ミシンと原理は同じであるため、ミシンのタイプは違っても、まず自分で考えながらかけてみる。	
・練習縫いをする	・ミシンの音を聞きながら作業をすると、ミシンの調子を把握しやすい。大きな音や声は出さないようにする。	・縫う印を描いた練習布

＜デニム製品の製作（工業用ミシンを使って）＞

　基本的なミシン操作の練習後は、販売する製品を製作しながら縫製技術の向上やミシン操作の慣れをめざす。何を製作するかは夏頃から担当教員で試作を繰り返し、企業の方々から意見をもらった。企業の方ならではの目線でアドバイスをいただき、3種類の布を組み合わせたスマホケースを製作することにした。

学習内容	指導の手立て・工夫	準備物等／備考
スマホケース製作	・3種類の大きさの布と配置用紙に印を付け、組み合わせを考えやすいようにする。	・3種類の大きさの布（色物、デニム） ・配置用紙 ・実物提示装置
・布の組み合わせを考えるポイントを知る	・いろいろな組み合わせで縫う。（自分で工夫、友達と相談、教員からのアドバイス）	
・自分で工夫して組み合わせる	・実物提示装置を使い、みんなの前で発表する。友達の考えたいろいろな布の配置を見て、組み合わせのバリエーションを知る。	
・プレゼンをする		
・縫製作業をする	・作業をいくつかの工程に分け、分担して作業する。	
・販売価格の相談をする	・生徒、教員、児島産業振興センターやPTAの方からの意見を参考に、価格について話し合う。	

（2）商品販売

＜せんい児島瀬戸大橋まつり（10／25・（土））＞

　このまつりは児島の主産業である繊維製品、特産物、土産品等を即売、県内外の観光客に対して地場産業のPRを目的とする地域をあげての大きなイベントである。児島商工会議所をはじめ、地域の方々から協力を得て、本年度初めて瀬戸大橋まつりで生徒が作った製品を販売する機会をいただいた。当日は人の多さに圧倒され、最初は呼び込みでなかなか大きな声が出ずとまどう姿もあったが、お客様の「上手にできている。」「すごいなあ。」という声を直接聞いたり、まわりに出店している地元企業の方々が、「頑張っとるなあ。」と声をかけにきてくださったりする中で、物が売れる喜びと同時に、地元の方々からあたたかい目で応援してもらっていることを実感できた。どのような商品がどのくらい売れるか、教員も全く分からない状態で臨んだため、多すぎる数の商品を持ち出し、結局完売することはできなかった。午後には、まわりのテントで、「完売しました。」と次々に拍手があがるのを横目に、だんだんと疲れや、売れ残ったというあせりも感じながら一日を終えた。後日、生徒の感想からは、「お客さんが声をかけてくれてうれしかった。」「次は○○な物を作ってみたら売れるんじゃないか。」「疲れたけどおもしろかった。また来年も出たい。」等、前向きな感想が聞かれた。

＜きらり輝け！岡山さんフェア（11／16・（日））＞

　県内の専門学科、総合学科、特別支援学校での日頃の産業教育に関する学習成果を発表する場である。布小物の製作は家政コースが行い、当日の販売は流通サービスコースが担当した。他の高校生の取り組みを知ることができ、有意義であった。

（3）繊維の街児島の歴史を知ろう

　児島産業振興センターの職員の方から、児島の繊維業の歴史として、塩分の含まれた土地でも育つものとして綿が植えられ、それが児島の繊維業の始まりであることを学んだ。実際に「綿くり・綿ほぐし」体験をさせていただき、身近にある衣服のもとになる糸ができる工程を経験した。また、この綿とデニムを使ったお雛様を作り、国産ジーンズ発祥の地「児島」「第6回DENIM oh！ 雛」コンテストに応募し、「いい日　いい味　児島雛めぐり」会場に出展することを目標に取り組んだ。

「綿くり」体験

4．指導上の工夫

工　　夫	取り組みの様子
＜工業用ミシンの糸通し＞ ・上糸の通し方は、家庭用ミシンと同じ原理なので、最初は自分で考えながら通してみる。	・全く同じこと、同じ物でなくても、似ていることであればまずすぐに質問せず、自分で考えてみようとする姿が見られた。

4 高等部 「作業学習」のうち「家庭」的内容を多く含む事例④

<ミシンの基礎縫い> ・縫う箇所、気をつける箇所が分かりやすく、1枚に基礎縫いすべてが含まれる練習布を使う。 	・縫うときの気をつけるポイントが分かりやすく、目標を意識して取り組めていた。 ・練習布1枚を見れば、何ができて何が苦手なのかを一目で確認しやすい。 ・1月に全国高等学校家庭科被服製作技術検定4級に挑戦した。ミシン縫いの箇所は、全員合格基準を超えており、ミシンの基礎縫いの技術が向上したことが分かる。
<スマホケース布組み合わせ> ・組み合わせを考えやすくするため、配置用紙を使用する。 ・自分が考えた組み合わせを実物投影機でプレゼンする。	・どこにどの布を置くか分かりやすく、スムーズに3種類の布を置き換えることができた。 ・意外な組み合わせのおもしろさを発見し、以後の作業で新しい組み合わせにチャレンジしようとする姿が見られた。 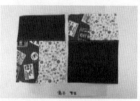
<スマホ価格決定について> ・教員、地域やPTAの方から「いくらの値段をつけるか」意見を聞いた。	・自分とは違う意見も聞き入れながら、自分の意見を発表する姿が見られた。 ・いろいろな角度から考えることの大切さと、適正値段をつけることの難しさを実感している様子であった。

5．成果と課題

　今まで経験したことがない工業用ミシンのパワーとスピードにはじめはとまどい、なかなかスピードを上げられない生徒もいたが、練習を重ねていくうちに、ペダルをいっぱいに踏み込み、スピードが上げられるようになってきた。また、スピードを調節しながら一針ずつ進めるなど、ペダルを踏む力加減もできるようになり、なめらかなペダル操作ができるようになった。学校にある家庭用ミシンよりも工業用ミシンの方が使いやすいという感想をほとんどの生徒がもつようになった。

　全国高等学校被服製作技術検定4級のミシン縫いは全員合格レベルだったことからもミシンの基礎縫いの力はついてきたと思う。11月の現場実習では、1年生ではあるが工業用ミシンを使ったことがあるということで、製品のミシン縫いを任せてもらい、生徒は、使ったことがあることで自信をもって落ち着いて取り組むことができた。会社の方からは「使ったことがあると聞いてはいたが、すぐに慣れて安全に使えていた。」と言っていただけた。長い時間集中力をもって作業に取り組むことも体験でき、1年生のときからより高い意識で日々の学習に取り組んでいる。

　地元資源の利用や地域への販売活動の幅を広げていくことで、お客様から直接声をかけ

ていただいたり、相手の喜ぶ顔を直接見ることができたり、次の活動への意欲や自信につながった。また、児島の繊維業の歴史についての学習では、児島産業振興センターに「綿くり」の道具があることで体験活動をすることができ、縫製に関して興味を広げることにもつながった。いろいろな活動を通して、地域に育ててもらっていることを実感できたことは、地域貢献や働く意欲につながっていくと考える。

　デニムのお雛様作りでは、女子が取り組むような内容と捉える男子生徒や、ゼロから自分で考えるやり方に取り組みにくさをもつ生徒もいた。自分たちが今取り組んでいることの目標が何かを、全員がきちんと分からないまま取り組んでしまったという点は、反省点であった。しかし、でき出来上がった作品は、一人ずつの個性があらわれた味わいあるものに仕上がったと思う。グループで製作すれば、互いに意見を出し合い、工夫・協力しながら、作り上げるおもしろさを体験できたかもしれない。

　ICT機器を使った生徒のプレゼンテーションや価格設定の相談等の活動では、友達の意見や自分とは違う意見を聞き入れたうえで自分の考えを主張することを体験できた。また、2月のオープンスクール・コース体験では、中学生に対して生徒が教えながらデニムのしおり作りに取り組んだ。人とのコミュニケーションが苦手で、最初は不安から涙が出て尻込みする1年生の姿もあったが、教員からの適切なサポートもあり、やり遂げることができた。「人に説明したりすることは自分は苦手だ、できない。」と思い込んできた生徒にとっては大きな自信につながった。また、中学生の実態に合わせて言葉がけや手伝う加減を工夫することができていた生徒もおり、柔軟に対応する姿に驚かされたと同時に、今まで見ることのなかった新しい姿を発見することもできた。

＜今後の課題＞

　本年度、販売経路の拡大や地域の催し物への参加等、活動の幅は広がったが、地域とのつながりを大切にしながら、さらに活動場面を広げていきたい。取り組む上での目標設定の甘さや、振り返りの不十分さを感じている。一般就労をめざす本校の生徒に対しては、育てていきたい具体的な「働く力」を明らかにし、家政コースでの取り組みのどこに目標をおき、どう振り返らせていくのかを整理していく必要があると考える。

　1年次は縫製の基本的な技術を身につけることを目標の一つとして取り組み、ミシンの基本的な技術は、ずいぶん身についてきたと思われる。製作段階では、何を製作するか、どうすれば質の高い製品が効率よくできるかをめざし、教員側から指示する場面が多くなりがちだったと思う。今回あらためて、いろいろな活動場面の姿から、生徒のもつ可能性と力を実感した。製作手順の工夫をすることに加え、どんな製品が売れそうか、値段設定はどれくらいが適切か等、生徒自身が考える場面を設定し、考えたり悩んだりしながら物を作り上げ、前へ進めていくことを意識して取り組む必要があると考える。

高等部 「作業学習」のうち「家庭」的内容を多く含む事例⑤

「できるようになった！」が実感できる作業学習の進め方
〜台布巾・花布巾の製作を通して〜

富山県立となみ総合支援学校　教諭　**鳶野　美紗**

1．学校の概要と「家庭」の教育課程上の位置づけ

　本校は、知的障害と肢体不自由のある児童生徒が学ぶ学校である。自立と社会参加に必要な力を身につけ、社会の一員として健康で心豊かに生きる人を育てることを教育目標として掲げ、児童生徒が主体的に活動に取り組めるような教育実践を積み重ねている。

　本校の中学部では生活単元学習の中で被服や調理、掃除の内容を取り扱い、基礎的・基本的な知識と技術の習得をめざして実践力を養うとともに、家庭での役割をもつことへの意欲を育てている。

　高等部では、家庭の授業として、「すてきな社会人」を合言葉に、家庭、生活、職業生活それぞれの場面で生徒に必要な内容を含む単元を精選し、系統立てて段階的に学習を行っている。生徒一人一人に家庭環境の違いがあるため、実態調査を行ってからニーズに応じた学習を行うように心がけている。

2．単元の概要

（1）単元名
　「台布巾、花布巾の製作」
　　作業学習　ハンドメイド班　服飾工芸コースの取り組み（高等部1・2・3年）

（2）単元目標
　・縫製の実習を通して、職業生活に必要な能力と実践的な態度を育てる。
　・手芸品の製作を通して、手作りの楽しさを知り、生活に活用する意欲を育てる。
　・製品の包装や販売する喜びを味わい、主体的に取り組む意欲を育てる。
　上記の3点を年間通しての全体目標としており、個別に技術面と態度面の目標を設定している。

（3）生徒の実態
　本学習グループは1～3年生7名で構成されており、自閉スペクトラム症を併せ有する生徒もいる。卒業後に企業就労をめざす生徒から、生活介護等の福祉サービスを受ける生徒まで実態は幅広い。裁縫やミシンの扱い方を一通り習得し、指示どおりに緻密な作業を長時間続けられることをめざす生徒もいれば、心身の安定を図りながら、単純な複数種の作業を、ユニット化されたスケジュールに沿って取り組むことを目標とする生徒もいる。

（4）題材について
　本校の服飾工芸コースでは、台布巾や花布巾を製作して販売している。台布巾や花布巾

を教材として設定した理由は次の3点である。

①製作工程が多岐にわたり実態に幅のある学習グループに適している

　製作工程で、生徒が主に取り組むのは刺し子とミシン掛けである。刺し子の模様には、直線、曲線、花や動物などの絵の模様、日本の伝統模様などがあり、縫い幅も5㎜、3㎜、2㎜と3段階に設定した（**写真1、2、3、4**）。最初は全員が5㎜幅の直線模様が7本描かれたさらしから取り組むが、その後は課題に応じて模様や縫い幅を工夫して、少しずつスキルアップしていく。ミシン掛けにおいても同様である。

　また、タオルの裁断やアイロン掛けなどの隙間作業もあり、それぞれの工程ごとに「きれいにつくるための手順表」を見て主体的に作業ができるようにした（**写真5**）。

写真1　5㎜の直線模様

写真3　3㎜の曲線模様

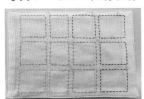
写真2　5㎜の四角模様

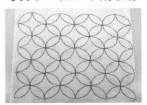
写真4　2㎜の伝統模様

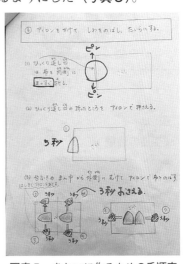
写真5　きれいに作るための手順表

②生徒が活動を選択しながら取り組めるため、製作意欲の向上につながる

　生徒は、刺し子を印どおりに縫うことと糸こきができるようになると、難易度別の模様のさらしが入ったそれぞれの籠から、自分の好きな模様のさらしを選んで縫うことができる。また、刺し子糸の色を自由に選ぶこともできる。「ジグザグの模様で糸こきができるようになったら次はケーキの模様を縫いたい」「カラフルにしたい」と生徒は思いを巡らせながら意欲的に製作している。

③販売学習を行うことができる

　台布巾は、どこの家庭でも必要な消耗品であり、大量生産に向いた製品である。そのため、「製品製作→販売」という流れを継続的に行えるメリットがある。校内販売のほか、地域の福祉施設と連携しながら、地域の祭りで委託販売を行っており、ものづくりの喜びを味わうことができるとともに、職業生活においてのコミュニケーションや働く態度を学ぶ機会となっている。

（5）指導上の留意事項

　第一に、意欲的に取り組めるように、順序よく学習段階を設定し、少しずつ伸びている自分を生徒自身が実感できるようにした。次に、生徒が主体的に活動に参加できるように、視覚的支援を行い、作業を効率的に行うための環境支援、教材を工夫した。そして、生徒

4 高等部 「作業学習」のうち「家庭」的内容を多く含む事例⑤

の「できた！」「次はここをがんばろう！」を積み重ねるための目標設定、振り返りのための一人一人に合わせた日誌を作成した。

3．活動の実際と指導上の工夫

（1）授業の展開

| ①準備・目標確認（15分）
＜生徒の活動＞
・日誌を書く。
　（身だしなみチェック、目標記入、作業内容記入）
・道具の準備をする。（**写真6、7**）
・リーダーはホワイトボードに掲示物を貼る。
・始めの会（リーダーが進行する） | ＜教師の支援＞
・一人一人に応じた日誌を用意する。
・動線に配慮して道具を配置する。
・始めの会進行表を用意する。 |

| ②作業
＜生徒の活動＞
・それぞれの作業を行う。
　（台布巾刺し子（**表1**）、花布巾刺し子、ミシン）
・指示されている箇所の作業が終わるごとに教師に報告する。
・日誌に記入しながら、出来栄えや作業態度を振り返る。 | ＜教師の支援＞
・良い例と悪い例を提示する。
・評価基準を分かりやすく伝える。確認する。 |

| ③評価・片付け（15分）
＜生徒の活動＞
・日誌を見ながら教師と自己評価をする。
・道具の片付け、掃除をする。
・終わりの会（カレンダーにシールを貼る） | ＜教師の支援＞
・一緒に日誌を見ながら、できたことを称賛し、課題を確認する。 |

写真6　刺し子の道具の保管場所
籠→ごみ入れ→針山→糸切りばさみ→
針→水入れ、と順に取っていく仕組み

写真7　刺し子の工程別収納箱
工程を細かく分けて段階ごとに収納することで、たまっている作業が何か一目で分かり、生徒は優先的に何をしたらよいか判断できる。

第2部　実践編

表1　台布巾の製作工程

1	タオルの裁断	6	さらし布とタオル地を合わせてミシン掛け
2	さらしの模様付け	7	まわりの余分な布を裁断して表返し
3	刺し子	8	アイロン掛け
4	アイロン掛け、ミシン縫いの印付け	9	端ミシン
5	さらし布とタオル地を中表にしてまち針留め	10	ミシンステッチ

（2）支援ツール・個への手立て

「印付けガイド」
　さらしの模様付けに使用する。
　表返し口になるところは空けて線を引く。

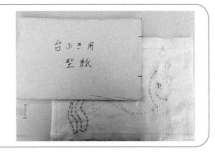

「良い例と悪い例の見本」
　検品ポイントが分かりやすいように、良い例と悪い例を並べて提示する。
　写真左は刺し子の角を作る縫い方と、交差するところの縫い方を示したもの。
　写真右はミシンの糸調子についての見本。

「スケジュールボードと数字シールとタイムタイマー」
　本時の予定と取り組む作業量を示してある。終わったら生徒が消していく。
　さらしには、直線1本ごとに数字シールを貼付し、終わったら外していく。
　見通しをもたせるため、時間が視覚的に分かるようにタイムタイマーを使用する。

4．成果と今後の課題

（1）刺し子の段階的な取り組みについて

　刺し子は、印の通りに縫う作業を繰り返す活動であるが、模様と縫い幅に段階を設定し

たり、工程を細分化して分かりやすい行動に置き換えるなどの工夫をしたりすることで、技能を効果的に習得し、その技能を順序よく活用していく力を養うことができる単元である。連続性と反復性をもたせつつ、スモールステップでレベルアップした課題を与えることで、自分のもっている技能をどう工夫して生かせばよいか考え、判断し、表現するというプロセスが生まれる。そこから生徒は「できた！」を実感し、「どうしたらできた」を振り返り、自分の力として蓄積していくことができると考える。

　また、刺し子作業の「どこまでやったら終わりかが見える」というところは、見通しをもちにくい生徒にマッチングしやすい。技術的には5mmの直線縫いが精一杯という生徒でも、さらし1枚に15cmの直線模様を5本から7本に増やす、次は15cmを25cmに延ばすなどの段階を設けることが可能で、少しずつ取り組む継続時間を延ばすことをねらいとした学習活動ができる。

　技術的な伸びが大きい生徒には、複雑で細かい模様の課題を与えていくが、この段階になると、生徒たちの方から「新しい模様にチャレンジしてみたい」と意欲を表してくれる。糸こきの技術を高める「チューリップ」（**写真8**）や、交差する箇所を重ねないようにして縫えるようにするための「十字つなぎ」（**写真9**）など、根気のいる模様のさらしを自分から取りに行き、黙々と作業をしている。できたら教師の側に行って「できました！」と笑顔で目の前に広げて見せてくれる様子から、楽しみや喜びを感じながら作業に取り組めていると捉えている。

 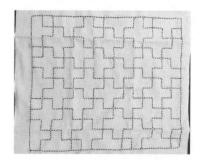

写真8　糸こきの精度を高めることがねらいのチューリップ模様　　写真9　縫い目が交差する箇所の縫い方を習得するための十字つなぎ模様

（2）ミシン、その他の製作工程での取り組みについて

　ミシンの正しい扱い方と手順を習得するために、直線縫い→L字縫い→返し縫い→端縫いと段階を踏んで、生徒が無理なく進めていけるよう順序を工夫した。また、「きれいに作るための手順表」（**写真10**）を用意し、分からなくなったときに「マニュアルを読んで解決する」という問題解決の手段を身につけられるようにした。一方、マニュアルの絵と実物のミシンを照らし合わせながら操作をすることが難しい生徒には、ミシンに直接手順シールを貼付し、失敗したときは「すぐに教師に報告をする」ように指導した。

　基礎・基本の縫い方や、なぜ針を刺したまま向きを変えるのか、なぜ返し縫いをするのか等の理由を、良い場合と悪い場合を実演で示しながら指導したり、見本布を提示したりすることで、理解を深めることをねらった。ミシン縫いの途中で下糸がなくなり、下糸を

準備して再開するときには、ほどけないように1cm程度重ねて縫うが、その場合に糸を重ねることを手順として忘れていた生徒がいた。そのときに、「ミシンステッチのとき、始めと終わりに返し縫いをするのはどうしてだったかな？」と質問するだけで、「あっ！ ほどけないように。です！」と気づいて、その後は、縫い始め・終わりやつないで縫う場合にはほどけないようにすることを意識して必ず重ね縫いをすることができるようになった。

（3）目標設定と評価について

例えば、「しわがなくなるまで糸こきをする」という目標だと、どこまでやればいいのかが伝わりにくいので、「4回糸こきをする」と言い換えて、生徒自身が「できた」「できなかった」を判断（検品）してチェックできるような目標を設定している。また、記録を、回数や時間、教員の支援の程度などでつけていくことで、振り返ったときに何が伸びたかを確認できるメリットもある。生徒と一緒にその日の成果と、数カ月を通しての成果・身についたことを定期的に確認し、生徒自身が「レベルアップしている！」と感じられるようにすることで、初めての作業にも意欲的に取り組めるようになってきたり、継続して作業に取り組む時間が延びたりしてきている。

写真10 マニュアルを見ながら作業をしている様子

写真11 作業日誌
目標欄に、「①角をぴん②糸こき4回③裏を縫わない」と書いてある。
振り返りには「星の角をぴんとできました」と書いてある。

写真12 作業日誌
表返しの作業を行ったときの作業日誌。
次回の課題の欄に「まち針を使って角を引き出す」「角に指を当てて表に返す」と書いてある。

（4）今後の課題

生徒たちの意欲を引き出すためには、教師からの評価、自己評価だけではなく、仲間からの他者評価が必要であると考えるが、今回はその機会を取り入れることが十分にできていない。今後は、仲間同士の目線でお互いを認め合い、評価し合うことで学習への意欲をさらに高めていきたい。そのためには、仲間同士で評価を行う場面を設けるなどする。それには、まず複数の教員の目で生徒の能力や特性を見極め、一人一人の生徒の力を引き出せるよう、教員間で共同して支援を行っていきたい。

＜関係資料＞

特別支援学校（知的障害）
特別支援学級（知的障害）の

指 導 内 容 表
―各教科の具体的内容―

（抜 粋）

平成 24 年 6 月

聖学院大学人間福祉学部こども心理学科 教授　吉田 昌義　編
全国特別支援教育推進連盟 理事長　大南 英明　編

特別支援学校小学部学習指導要領

〔生　活〕

<u>目標及び内容</u>

1　目標

　日常生活の基本的な習慣を身に付け、集団生活への参加に必要な態度や技能を養うとともに、自分と身近な社会や自然とのかかわりについて関心を深め、自立的な生活をするための基礎的能力と態度を育てる。

2　内容

○1段階
　(1)　日常生活に必要な身辺処理を求めたり、教師と一緒に行ったりする。
　(2)　教師と一緒に健康で安全な生活をする。
　(3)　教師や友達と同じ場所で遊ぶ。
　(4)　教師と一緒に身近な人に簡単なあいさつをする。
　(5)　教師と一緒に集団活動に参加する。
　(6)　教師と一緒に簡単な手伝いや仕事をする。
　(7)　教師と一緒に日常生活の簡単なきまりに従って行動する。
　(8)　教師と一緒に日課に沿って行動する。
　(9)　教師と一緒に簡単な買い物をする。
　(10)　身近な自然の中で、教師と一緒に遊んだり、自然や生き物に興味や関心をもったりする。
　(11)　家族や家の近所などの様子に興味や関心をもつ。
　(12)　身近な公共施設や公共物などを教師と一緒に利用する。

○2段階
　(1)　教師の援助を受けながら日常生活に必要な身辺処理をする。
　(2)　教師の援助を受けながら健康で安全な生活をする。
　(3)　教師や友達と簡単なきまりのある遊びをする。
　(4)　教師の援助を受けながら身近な人にあいさつや話をするなどのかかわりをもつ。
　(5)　集団活動に参加し、簡単な係活動をする。
　(6)　教師の援助を受けながら簡単な手伝いや仕事をする。
　(7)　日常生活に必要な簡単なきまりやマナーに気付き、それらを守って行動する。
　(8)　教師の援助を受けながら日課に沿って行動する。
　(9)　決まった額の買い物をして、金銭の必要なことが分かる。
　(10)　身近な自然の中で遊んだり、動植物を育てたりして自然や生き物への興味や関心を深める。
　(11)　家族の役割や身近な地域の様子に興味や関心をもち、自分と家庭や社会とのかかわりに気付く。
　(12)　教師の援助を受けながら身近な公共施設や公共物などを利用する。

○3段階
　(1)　日常生活に必要な身辺処理を自分でする。
　(2)　健康や身体の変化に関心をもち、健康で安全な生活をするように心掛ける。
　(3)　友達とかかわりをもち、きまりを守って仲良く遊ぶ。
　(4)　身近な人と自分とのかかわりが分かり、簡単な応対などをする。
　(5)　進んで集団生活に参加し、簡単な役割を果たす。
　(6)　日常生活で簡単な手伝いや仕事を進んでする。
　(7)　日常生活に必要な簡単なきまりやマナーが分かり、それらを守って行動する。
　(8)　日常生活でのおよその予定が分かり、見通しをもって行動する。
　(9)　簡単な買い物をして、金銭の取扱いに慣れる。
　(10)　身近な自然の事物・現象に興味や関心を深め、その特徴や変化の様子を知る。
　(11)　家庭や社会の様子に興味や関心を深め、その働きを知る。
　(12)　身近な公共施設や公共物などを利用し、その働きを知る。

生活

第1段階	第2段階	第3段階
1　基本的生活習慣		
食事	食事	食事
1　教師と一緒に食前に手を洗う。 2　配膳のときに行儀よく待つ。 3　教師と一緒に、自分の食器を並べたり片付けたりする。 4　食前・食後のあいさつのしぐさをする。 5　スプーン・フォークを使って食べる。 6　ストローやコップで飲む。 7　器をおさえて食べる。 8　好き嫌いをしないで食べる。 9　食事の途中で遊ばないで食べる。 10　よくかんで食べる。 11　食べ物を適量口に入れる。 12　食べてはいけないと言われたものは食べない。 13　食後、指示されて口のまわりをふく。 14　大人と一緒に、こぼしたものをふき、片付ける。	1　一人で食前に手を洗う。 2　自分の食器を並べたり、片付けたりする。 3　食前・食後のあいさつをする。 4　スプーン・フォークを使ってこぼさないように食べる。 5　はしを使って食べる。 6　ストローやコップで上手に飲む。 7　器を持って食べる。 8　体を丈夫にするために、好き嫌いをしないで食べる。 9　行儀よくこぼさないで食べる。 10　食事中きちんとすわって食べる。 11　食べられる物と食べられない物の区別が分かる。 12　自分と他人の食べ物の区別が分かる。 13　食後一人で口のまわりをふく。 14　簡単な献立の名前を言う。 15　しょうゆやソースなどを適量使う。 16　こぼしたものを一人で処理する。 17　食事の前後に一人でテーブルをふく。	1　簡単な食事の準備や後片付けをする。 2　はしを使ってこぼさないように食べる。 3　主食と副食を取りあわせて食べる。 4　マナーを守って食事をする。 5　自分の食事の適量が分かる。 6　食べたい献立の名前を言う。 7　一人で調味料を上手に使う。 8　食事の前後にテーブルを係りとしてふく。
用便	用便	用便
1　一定時刻に、教師と一緒に用便に行き用便の手順を知る。 2　尿意、便意、粗相を告げる。 3　教師の援助を受けながら、パンツを脱いだり下げたりして用をたす。 4　便器の前にまっすぐ立って用をたす。（男子） 5　教師と一緒に用便後、手を洗う。	1　教師の援助を受けながらも一人で便所に行き用をたす。 2　ズボンを一人で下ろして（男子）用をたす。 3　便所の男女のしるしを見て、自分の使う方が分かる。 4　便所の鍵の掛け方が分かる。 5　便所のブースに入るときは、ノックをし、戸を閉めて用をたす。 6　用便後、一人でペーパーを使ってふく。 7　使用後、水を流す。 8　用便後、一人で手を洗う。	1　一人で用便に行く。 2　出かけるときや、集会の前などに自分から用をたす。 3　便器のまわりを汚さないで用をたす。 4　ズボンを下ろさずに用をたす。（男子） 5　便器の違いや水洗機能などが分かり、用をたす。 6　いろいろな種類の鍵の掛け方分かる。 7　用便後、ペーパーを適量使ってふく。 8　用便後、きちんと服装を整える。 9　自分の家や、学校以外の便所も一人で使う。
寝起き	寝起き	寝起き
1　指示されて、寝る前に用便に行く。 2　援助を受けながら、寝まきに着替える。	1　指示や促しなどの援助を受けながらも定時に寝起きする。 2　寝る前に一人で用便に行く。 3　一人で寝まき、通学服、普段着に	1　決まった時刻に寝起きする。 2　夜中でも、一人で用便に行く。 3　着替えた衣服を始末する。

3　一人で寝られるようにする。 4　朝のあいさつや、寝るときのあいさつを促されてする。	着替える。 4　一人で寝る。 5　朝のあいさつや、寝るときのあいさつをする。 6　自分の寝床の準備、片付けをする。	4　自分から進んで朝のあいさつや、寝るときのあいさつをする。 5　自分で、寝床の準備、片付けをする。
清潔	清潔	清潔
1　教師と一緒に、歯みがきや洗面をする。 2　教師と一緒に、手足を洗ったりふいたりする。 3　教師に援助してもらい鼻汁をかむ。 4　促されてハンカチやちり紙を用意し、使う。 5　教師と一緒に髪をとかす。 6　教師と一緒に爪を切ったり耳あかをとったりする。 7　入浴前に促されて用便を済ませる。 8　浴槽に入る前に、教師と一緒に股間や手足を洗う。 9　教師と一緒に、腕、足、胸などを洗う。 10　嫌がらずに、髪を洗ってもらう。 11　教師と一緒に、自分の体をふく。	1　一人で歯みがきや洗面をする。 2　一人で手足を洗ったりふいたりする。 3　一人で鼻汁をかむ。 4　ハンカチやちり紙を一人で上手に使う。 5　教師と一緒に繰り返し髪をとかし、身に付ける。 6　教師と一緒に繰り返し爪を切り、身に付ける。 7　浴槽に入る前に、促されて股間や手足を洗う。 8　教師の援助を受けながら、体や髪を洗う。 9　入浴後、教師の援助を受けながら体をふく。 10　入浴後、教師と一緒に用具の片付けをする。	1　自分から進んできちんと歯みがきや洗面をする。 2　自分から進んできれいに鼻汁をかむ。 3　ハンカチやちり紙を自分で用意し、適切に使う。 4　一人で髪をとかす。 5　一人で爪を切る。 6　一人で散髪に行く。 7　入浴前に自分から用便をすませる。 8　湯かげんをみてから浴槽に入る。 9　浴槽に入る前に進んで、股間や手足を洗う。 10　一人で入浴し、自分で体を洗う。 11　一人で髪を洗う。 12　入浴後、よく体をふいて衣服を着る。 13　入浴後、用具の片付けをする。 14　自分から、日常的に下着を取り替える。 15　簡単な洗濯をする。
身の回りの整理	身の回りの整理	身の回りの整理
1　自分の帽子、衣服、靴、かばんなどが分かり、教師と一緒に決められた所に置く。 2　教師と一緒に、脱いだ衣服をたたむ。	1　援助を少なくし自分の衣服や持ち物などを決められた所に置く。 2　ハンガーに衣服をかける。 3　自分の脱いだ履物をそろえて靴箱に入れる。 4　身の回りの用品の名前が分かる。 5　脱いだ衣服を一人でたたむ。	1　自分の衣服や持ち物を、決められた場所に、整頓して置く。 2　机の引出しやロッカーなどを、上手に使用する。 3　リュックサックや、バッグを上手に使用する。 4　衣服に合わせたたたみ方でたたむ。 5　雨具の後始末をする。
身なり	身なり	身なり
1　教師と一緒に、簡単な衣服（ボタンのない）の着脱をする。 2　ズボンにシャツを入れる。 3　教師と一緒に、衣服の裏返しをする。 4　靴を一人で脱いだりはいたりする。 5　教師と一緒に、雨具を使用する。 6　かさの使い方、レインコート、長靴などの身につけ方が分かる。	1　簡単な衣服（ボタンのない）の着脱をする。 2　衣服の前後・裏表・左右に気をつけて着脱する。 3　ボタン・スナップ・ファスナーなどのある衣服の着脱をする。 4　靴の左右を区別してはく。 5　雨具を一人で使用する。	1　えり・そで・すそなどの各部の身だしなみを整えて着る。 2　衣服の汚れ・ほころびなどに気付いて着替える。 3　運動や作業のときは決められた服装をする。 4　いろいろな履物を場や天候に合わせて選んではく。 5　雨具を使用し始末する。 6　寒暖や天候に合わせて衣服を調節する。

2 健康・安全		
健康管理	健康管理	健康管理
1　外から帰ったときやかぜをひいたときは、指示されてうがい、手洗いをする。 2　付き添われて、健康診断や予防接種を受ける。 3　けがをしたときなどに、教師と保健室に行く。	1　外から帰ったときやかぜをひいたときは、うがい、手洗いをする。 2　身体測定の結果に関心をもつ。 3　けが、腹痛、歯痛などを教師に告げる。 4　錠剤や水薬を上手に飲む。 5　手の汚れの状態を見て手洗いをする。	1　外から帰ったときやかぜをひいたときは、進んでうがいをする。 2　進んで、健康診断や予防接種を受ける。 3　身体測定の結果が分かり、自分の成長に関心をもつ。 4　一人で保健室を利用する。 5　友達がけがをしたり、体の異常なときは、教師に告げる。 6　病気やけがをしたときは、落ち着いて簡単な手当てを受ける。 7　身体の変化に関心をもち、適切な対応をする。 8　生理のときは、教師に告げ、処置をする。(女子) 9　部屋の換気や採光に注意する。
危険防止	危険防止	危険防止
(教師と一緒に様々な活動をする) 1　ビー玉や玩具、硬貨などを口の中に入れない。 2　階段や段差などに注意して歩く。 3　危険なところには、一人では近付かない。 4　刃物や器具類は、一人では扱わない。	(教師の指示や援助を受けながら活動する) 1　物を投げたり、高いところへ登ったりするなど、危険な遊びをしない。 2　ガスの栓、ライター、刃物などの危険な物に、むやみに触れない。	(自分で気をつけながら活動する) 1　家や学校の内外の危険な場所で遊ばない。 2　電気器具、ガス栓、ライター、鋏等の刃物などを安全に取り扱い、受け渡しや保管を行うこと。 3　道に迷ったときは、自宅へ連絡する。 4　見知らぬ人には、付いていかない。 5　寄り道をせずに帰宅する。
交通安全	交通安全	交通安全
1　交通信号に注意しながら、道路や横断歩道を教師と一緒に渡る。 2　教師と一緒に歩きながら、左右の安全確認をする。	1　道路を歩くときは、自動車や自転車に気をつける。 2　道路を何人かで歩くときは、横に並んだり、ふざけたりしない。 3　道路を横断するときは、左右を確かめ、手を上げて渡る。 4　歩行者用の信号が分かり、横断する。 5　踏切を渡るときは、左右を確かめ、警報機のあるときはそれに従う。 6　道路へ急に飛び出さない。	1　交通信号の見方が分かり、信号に従う。 2　道路は右側を歩き、歩道のある場合は、歩道を歩く。 3　「止まれ」「通行止め」「横断禁止」「危険」などの標識が分かり、指示を守る。 4　交通量の多い道路では、遊ばない。 5　交通ルールを守り、安全に自転車に乗る。
避難訓練	避難訓練	避難訓練
1　避難訓練のときは、教師と一緒に行動する。	1　避難訓練のときは、教師の指示に従い友達と一緒に行動する。 2　「火事」「地震」「避難」などの言葉の意味が分かる。	1　避難訓練のときは、進んで教師に従う。 2　火災報知器や消火器にむやみに触れない。 3　火災時には、ハンカチ、タオルなどで口を覆う。

3 遊び		
いろいろな遊び	いろいろな遊び	いろいろな遊び
1　教師と友達と同じ場所で、一人で好きなことをしたり、友達と関わり合いながら遊ぶ。 2　教師のまねをして、手足を動かして遊ぶ。 3　テレビや絵本など、教師と一緒に楽しむ。 4　すもう、かけっこなどをして遊ぶ。 5　じゃんけんのしぐさをして遊ぶ。 6　おもちゃなど身近にある物で遊ぶ。 7　すべり台・ブランコ・砂場などで遊ぶ。 8　三輪車などに乗って遊ぶ。	1　教師と一緒に、簡単なきまりのある遊びをする。 2　テレビや絵本に関心をもち、楽しんで見る。 3　じゃんけんをして遊ぶ。 4　簡単なルールのある遊びをする。（鬼ごっこなど） 5　順番や交代などの意味が分かり、わがままを言わないで遊ぶ。 6　玉入れ、カルタ取りなどで遊ぶ。 7　簡単な遊具で遊ぶ。（シーソー・鉄棒など） 8　補助付き自転車に乗って遊ぶ。 9　指示されて、遊具をゆずる。 10　自分で使っている遊具などをとれそうになったら、返してもらおうとする。	1　友達と一緒に、ルールのあるいろいろな遊びを楽しむ。 2　テレビの番組を自分で選んで視聴する。 3　遊びにじゃんけんを使う。 4　自分で遊びを選んだり、考えたりする。 5　グループを作り、ルールを守って遊ぶ。 6　仲間に入れない友達を誘って一緒に遊ぶ。 7　自分たちで、簡単な遊具を作って遊ぶ。 8　補助のない自転車に乗って遊ぶ。 9　遊具などをゆずり合って使う。 10　共同の道具などを大切にする。
道具の後始末	道具の後始末	道具の後始末
1　教師と一緒に、道具の後始末をする。	1　促されて、道具などの後始末をする。 2　友達と一緒に、道具の後始末をする。	1　進んで、道具などの後始末をする。
4 交際		
自分自身と家族	自分自身と家族	自分自身と家族
1　名前を呼ばれたら返事をする。（身振り、表情、挙手、音声） 2　必要なときに、自分の名前を言う。	1　自分の名前を言う。 2　自分の家族の名前を言い、紹介する。	1　簡単な自己紹介をする。（家族、仕事、兄弟姉妹関係） 2　自分の住所を言う。 3　自分の家の電話番号を言う。
身近な人との交際	身近な人との交際	身近な人との交際
1　教師の名前を覚える。 2　親しい友達と手をつなぐ。 3　ごく簡単な要求を表現する。 4　教師と一緒に「おはよう」「さようなら」などのあいさつをする。	1　自分の学校の教師の名前を言う。 2　身近な人に自分から「おはよう」「さようなら」などのあいさつをする。 3　教師などに見たこと、聞いたこと、遊んだことを話す。 4　指示されて、友達の手助けをする。 5　手伝ってもらって、年賀状を書く。	1　身近な人に、簡単な日常のあいさつをする。 2　見たこと、聞いたこと、遊んだことを教師や友達と話し合う。 3　学校での出来事を家庭で話したり、家庭等での会話を学校で話す。 4　困っている友達を手伝ったり、友達との約束を守る。 5　身近な人に、年賀状や手紙を出す。
電話や来客の取次ぎ	電話や来客の取次ぎ	電話や来客の取次ぎ
1　お客さんが来たり、電話がかかってきたことに気づき、関心をもつ。	1　人の来訪を告げたり、電話の取次ぎをする。	1　電話や来客があったときは、適切に取次ぎをする。
感謝の気持ちや詫びる気持ち	感謝の気持ちや詫びる気持ち	感謝の気持ちや詫びる気持ち

1 促されて、「ありがとう」「ごめんなさい」の気持ちを表す。	1 「ありがとう」「ごめんなさい」を感謝や詫びの気持ちをこめて言う。	1 「ありがとう」「ごめんなさい」を相手に理解してもらえるように適切に言う。
5 集団行動		
集団での参加や集団内での役割	集団での参加や集団内での役割	集団での参加や集団内での役割
1 教師と一緒に、集団活動に参加する。 2 友達と一緒に参加する。	1 集団活動に参加し、教師の援助を受けながら、簡単な係り活動を果たす。	1 進んで集団活動に参加し、簡単な役割を果たす。
地域の行事への参加	地域の行事への参加	地域の行事への参加
1 教師と一緒に、地域の行事に参加し雰囲気を味わう。	1 教師に援助されながら、地域の行事に参加し地域の人や友達と一緒に活動する。	1 友達と一緒に行事に参加し楽しんだり、簡単な役割を果たす。
共同での作業と役割分担	共同での作業と役割分担	共同での作業と役割分担
1 教師と一緒に簡単な作業を行う。（給食のときに、教師と一緒に食器を並べたり、牛乳を配ったりするなどの係り活動をする。）	1 教師の援助を受けながら、友達と一緒に協力して楽しく作業に取り組む。（教材配りや、給食運びなどの係り活動をする。）	1 作業分担が分かり、自分から進んで取り組んだり、役割を果たす。（日直、給食当番、清掃当番などの係り活動をする。）
6 手伝い・仕事		
手伝い	手伝い	手伝い
1 教師と一緒に、配付物を配ったり、教材を運んだりする。	1 教師の援助を受けながら配付物を配ったり、他の教室へ教材を運んだりする。	1 日常生活の中で、自分から、様々な活動の手伝いをする。 2 他の教室などへ、伝言に行く。
整理整頓	整理整頓	整理整頓
1 教師と一緒に、自分の持ち物の整理をする。 2 自他の持ち物を区別して、ロッカーやかばんなどに用具を収納する。	1 教師の援助を受けながらもできるだけ自分で机やロッカーの中を整理整頓する。 2 友達が使ったものや学級の備品を整理整頓する。	1 掃除用具、運動用具、図書などの整理整頓をする。 2 友達の脱いだ履物の整頓をする。 3 不要物を選別したり、捨てたりする。
戸締り	戸締り	戸締り
1 教師と一緒に、窓や扉の開閉をする。	1 窓や扉の開閉と施錠の方法が分かる。	1 窓の開閉、鍵の開け閉めが、いつ、どのような時に必要か分かる。
掃除	掃除	掃除
1 教師と一緒に、ごみを拾ったり、ごみ箱のごみを捨てたりする。	1 教師の援助を受けながら、できるだけ一人で、簡単な掃除をする。 2 掃除用具の名称を覚えたり使い方が分かる。	1 決められた場所の掃除をする。 2 それぞれの場所に適した掃除の方法や手順、用具の使い方を身に付ける。
後片付け	後片付け	後片付け
1 教師と一緒に、手伝いや仕事で使用した道具などの後片付けをする。	1 教師の援助を受けながら、仕事で使用した道具などの後片付けをする。 2 友達の言葉かけでも協力しながら後片付けをする。	1 自分から決められた場所に道具などを片付ける。 2 手伝いや仕事の終了時に報告をする。
7 きまり		
自分の物と他人の物の区別	自分の物と他人の物の区別	自分の物と他人の物の区別
1 自他の区別をする。	1 他人の物や学校の物を無断で持ち出さない。	1 物の貸し借りをする。 2 落し物を拾ったときは、教師に届けたり、持ち主を探して手渡す。
8 日課見通し		
学校の日課	学校の日課	学校の日課
1 教師の声かけや様々な合図などを聞いて、一緒に行動する。（始業・終業・給食など） 2 教師と一緒に学校の日課に沿って	1 教師の援助を受けながら、学校の日課に沿って生活する。	1 学校の日課に沿って生活する。 2 学校の日課が分かる。 3 学校生活の流れが分かり、行動する。

生活する。 3　学校の日課に興味・関心をもつ。		
日常生活のきまり	日常生活のきまり	日常生活のきまり
1　上履き、下履きの区別をする。 2　学校の日課の順序が少し分かる。 3　好きな日課は進んで活動する。	1　教師の援助を受けながら、廊下の右側通行、登校時刻、下校時刻、靴を履きかえる場所など、きまりがあることに気付き、守る。 2　信号を守って横断する。 3　停留所や駅などでは、並んで順番を待つ。 4　順番を守って、乗り物の乗り降りをする。 5　決められた場所で遊ぶ。	1　日常生活において、進んできまりを守る。 2　学校などで簡単なきまりをつくる。 3　図書館などの公共施設を利用する際のきまりを守る。 4　電車、バスなどの公共機関を利用する際のきまりを守る。 5　火災報知器や非常電話などをいたずらしない。
9　金銭		
金銭の扱い	金銭の扱い	金銭の扱い
1　お金が大切であることが分かり、粗末に扱わない。	1　お金の価値を徐々に理解し、大切にする。 2　もらったお年玉や小遣いを大切に保管したり、使い方を知る。	1　生活には、お金が必要であることを知り、むだづかいをしない。 2　価格に応じて、硬貨、紙幣を適切に支払う。 3　金種ごとに分類して数えたり、必要に応じて両替をすることに慣れる。 4　今すぐ使わないお金は、貯金したり、預金したりする。
買い物	買い物	買い物
1　教師と一緒に、簡単な買い物をする。	1　小額できまった額の買い物をできるだけ一人でする。 2　自分で品物を選んで買い物をする。 3　「これ」「ください」など、買い物に必要な簡単な言葉を使う。	1　自分で目的に応じた買い物をする。 2　簡単なおつりのある買い物をする。 3　「いくらですか」「〇個ください」の買い物に必要な言葉を使う。 4　学用品などおよその値段が分かって買い物をする。 5　商店、スーパーマーケットなどでレジの場所が分かり、支払いをする。
自動販売機等の利用	自動販売機等の利用	自動販売機等の利用
1　教師と一緒に、自動販売機を利用する。	1　できるだけ一人で、自動販売機を利用する。	1　簡単な自動販売機を自分を利用する。
10　自然		
自然とのふれあい	自然とのふれあい	自然とのふれあい
1　教師と一緒に、公園、川、野山、海などで楽しく遊ぶ。 2　生き物などに興味や関心をもつ。（あり、ちょう、かたつむり）	1　自然の中で遊んだり、木の実拾い、落ち葉拾いなどをする。 2　動物の動きに興味をもつ。（身近な昆虫や魚貝など）	1　自然を利用して遊ぶ。 2　植物の特徴をつかんだり変化が分かる。 3　天候の変化が分かる。
動物の飼育・植物の栽培	動物の飼育・植物の栽培	動物の飼育・植物の栽培
1　教師と一緒に活動しながら、飼育している身近な動物や栽培している植物に興味をもつ。	1　教師の援助を受けながら、小動物を飼育し、生き物への興味や関心をもつ。	1　身近にいる昆虫、魚、小鳥の飼育や草花などを栽培し、観察する。 2　除草したり、肥料を施したりする。
季節の変化と生活	季節の変化と生活	季節の変化と生活
1　晴れ、雨などの天候の変化に気付く。	1　天候の変化や、太陽、月、星などと昼夜との関わりに関心をもつ。 2　冬は寒く、夏は暑いなどの季節の特徴に関心をもつ。	1　天気予報や、台風などの情報に関心をもつ。 2　太陽の出没の方角や月の満ち欠けなどを観察する。 3　季節の変化に関心をもつ。 4　季節と行事の関係に関心をもつ。

11 社会の仕組み			
家族・親戚・近所の人	家族・親戚・近所の人	家族・親戚・近所の人
1 自分の父、母、兄弟、姉妹、祖父母が分かり、楽しく過ごす。 2 隣近所の人などに関心をもつ。	1 家族それぞれ役割をもっていることに気付く。 2 身近な地域で働く人などに関心をもつ。	1 家族や親戚、近所の人々の名前を言える。 2 家族の職業が言える。 3 身近に見られる職業が分かる。
いろいろな店	いろいろな店	いろいろな店
1 近隣や通学路にある店に関心をもつ。	1 教師と一緒に買い物に行き、いろいろな種類の店の名前が言える。 2 販売している商品に関心をもつ。	1 いろいろな店の種類が分かり、店の名前、扱っている商品の名前が言える。 2 工場や農家で作っている物のおよその名前が言える。
社会の様子	社会の様子	社会の様子
1 自分の住んでいる家の近所の商店、公園、学校、駅などに出かけ、関心をもつ。	1 自分の住んでいる地域の公共施設やいろいろな商店、河川や山、公園などの様子に関心をもち、名前を知る。	1 自分の住んでいる地域や隣接する市町村の名称が言える。 2 自分の住んでいる地域や周辺の田畑、大きな河川、港湾、商業地や工業地、住宅地などのおおよそが分かる。 3 地域で見られる産業に関心を深め、その働きを知る。 4 テレビなどを通して、身近な社会の大きな出来事に関心をもつ。 5 社会の行事、祝日のおよその意味が分かる。 6 いくつかの都道府県名が言える。 7 自分の国の名や世界のいくつかの国の名前が言える。
12 公共施設			
公園や遊園地などの利用	公園や遊園地などの利用	公園や遊園地などの利用
1 教師と一緒に、学校の近くの広場、公園、遊園地に行って遊ぶ。	1 教師の援助を受けながら、公園や遊園地に行き、自分から進んで気に入った遊具で遊ぶ。 2 順番を待つこと、安全な遊び方を知る。	1 公園や遊園地を適切に利用する。 2 自然や遊具を大切にする。 3 ごみを捨てないことが分かる。
公共施設の利用	公共施設の利用	公共施設の利用
1 教師と一緒に、身近な広場、児童館や公衆便所などの公共施設を利用する。	1 図書館、体育館、児童館や公衆便所などの身近な公共施設の働きが分かり、教師の援助を受けながら利用する。	1 警察署、消防署、郵便局、病院などのおよその仕事の様子が分かり、利用する。 2 学校の近くのポストに手紙を投函する。 3 公衆電話の扱いに慣れる。
交通機関の利用	交通機関の利用	交通機関の利用
1 教師と一緒に、電車やバスなどを利用し、乗降時には、料金を支払うなどを体験する。	1 教師の援助を受けて、電車やバスの切符を買う。 2 いろいろな交通機関があることを知る。 3 通学の電車やバスに乗せてもらって目的地で降りる。	1 日常利用している電車やバスの切符を自動券売機などで買う。 2 通学の電車やバスを一人で利用する。 3 交通機関の遅れの際の対処方法を知る。

特別支援学校中学部・高等部学習指導要領

〔職業・家庭、職業、家庭〕

目標及び内容

中学部
〔職業・家庭〕
1　目標
　明るく豊かな職業生活や家庭生活が大切なことに気付くようにするとともに、職業生活及び家庭生活に必要な基礎的な知識と技能の習得を図り、実践的な態度を育てる。
2　内容
　(1)　働くことに関心をもち、作業や実習に参加し、働く喜びを味わう。
　(2)　職業に就くためには、基礎的な知識と技能が必要であることを理解する。
　(3)　道具や機械、材料の扱い方などが分かり、安全や衛生に気を付けながら作業や実習をする。
　(4)　自分の役割を理解し、他の者と協力して作業や実習をする。
　(5)　産業現場等における実習を通して、いろいろな職業や職業生活、進路に関心をもつ。
　(6)　家族がそれぞれの役割を分担していることを理解し、楽しい家庭づくりをするために協力する。
　(7)　家庭生活に必要な衣服とその着方、食事や調理、住まいや暮らし方などに関する基礎的な知識と技能を身に付ける。
　(8)　職業生活や家庭生活で使われるコンピュータ等の情報機器の初歩的な扱いに慣れる。
　(9)　家庭生活における余暇の過ごし方が分かる。

高等部
〔職業〕
1　目標
　勤労の意義について理解するとともに、職業生活に必要な能力を高め、実践的な態度を育てる。
2　内容
○1段階
　(1)　働くことの意義を理解し、作業や実習に取り組み、働く喜びを味わう。
　(2)　道具や機械の操作に慣れるとともに、材料や製品の扱い方を身に付け、安全や衛生に気を付けながら作業や実習をする。
　(3)　自分の分担に責任をもち、他の者と協力して作業や実習をする。
　(4)　適切な進路選択のために、いろいろな職業や職業生活について知る。
　(5)　産業現場等における実習を通して、実際的な職業生活を経験する。
　(6)　職業生活に必要な健康管理や余暇の有効な過ごし方が分かる。
　(7)　職場で使われる機械やコンピュータ等の情報機器などの簡単な操作をする。
○2段階
　(1)　働くことの意義について理解を深め、積極的に作業や実習に取り組み、職場に必要な態度を身に付ける。
　(2)　いろいろな道具や機械の仕組み、操作などを理解し、材料や製品の管理を適切に行い、安全や衛生に気を付けながら正確に効率よく作業や実習をする。
　(3)　作業の工程全体を理解し、自分の分担に責任をもち、他の者と協力して作業や実習をする。
　(4)　職業生活に必要な実際的な知識を深める。
　(5)　産業現場等における実習を通して、職業生活に必要な事柄を理解する。
　(6)　職業生活に必要な健康管理や余暇の計画的な過ごし方についての理解を深める。
　(7)　職場で使われる機械やコンピュータ等の情報機器などの操作をする。

〔家庭〕
1　目標
　明るく豊かな家庭生活を営む上に必要な能力を高め、実践的な態度を育てる。
2　内容
○1段階
　(1) 家族がそれぞれの役割を果たしていることを理解し、楽しい家庭づくりのための自分の役割を果たす。
　(2) 家庭生活における計画的な消費や余暇の有効な過ごし方が分かる。
　(3) 家庭生活で使用する道具や器具などの正しい使い方が分かり、安全や衛生に気を付けながら実習をする。
　(4) 被服、食物、住居などに関する実習を通して、実際的な知識と技能を習得する。
　(5) 保育や家庭看護などに関心をもつ。
○2段階
　(1) 家庭の機能や家族の役割を理解し、楽しい家庭づくりのために積極的に役割を果たす。
　(2) 家庭生活における計画的な消費や余暇の有効な過ごし方について理解を深める。
　(3) 家庭生活で使用する道具や器具を効率的に使用し、安全や衛生に気を付けながら実習をする。
　(4) 被服、食物、住居などに関する実習を通して、健康で安全な生活に必要な実際的な知識と技能を習得する。
　(5) 保育や家庭看護などに関する基礎的な知識と技能を習得する。

職業・家庭〔職業〕

第4段階	第5段階	第6段階
1 働くことに関心をもち、仕事に参加する。	1 働く喜びを知り、進んで仕事に参加する。	1 働くことの意義が分かり、積極的に仕事をする。
2 物を作ったり、育てたりすることに興味・関心をもつ。	2 物を作ったり、育てたりすることの喜びを味わい仕事への自信をもつ。	2 物を作ったり、育てたりすることが社会に役立つことが分かり、自分の仕事の意味を理解する。
3 ふざけたり、無駄話、よそ見などをしないで仕事をする。	3 注意を集中し、長時間正確に作業をする。	3 注意を集中するポイントが分かり、正確な仕事を長時間続ける。
4 仕事の好き嫌いをしないで最後までする。	4 いろいろな仕事に積極的に取り組み、最後までやり遂げる。	4 どんな仕事にも積極的に取り組み、最後までやり遂げる。
5 時と場に応じた服装、動作、言葉遣いなどをする。	5 時と場に応じた服装、動作、言葉遣いなどを適切にする。	5 時と場に応じた服装、動作、言葉遣いなどを理解し適切にする。
6 品物の長さや重さなどをはかったり、数えたり、調べたりする。	6 原材料や製品について必要な計測を正確にする。	6 原材料や製品の規格を適切な測定器を使用して、正確に測定する。
7 原材料等を無駄のないように使う。	7 原材料等の扱い方を知り、必要な分量を正しく量って使う。	7 原材料等の特性を理解し、無駄のないように適切に使う。
8 品物を破損しないように扱う。	8 原材料や製品等を大切に扱う。	8 原材料や製品等の特徴を理解して、整理し、決められた場所に保管する。
9 簡単な梱包をしたり、ほどいたりする。	9 いろいろな物を梱包したり、ほどいたりする。	9 道具や機械を利用して、品物を決められた手順で梱包したり、ほどいたりする。
10 注意して品物等の運搬をする。	10 道具や機械を利用して、品物等の運搬、移動をする。	10 道具や機械を利用して、決められた場所に正確に品物等を運搬、移動する。
11 品物等を並べたり、束ねたり、積み重ねたりする。	11 品物等を数えたり、量ったり、袋詰めしたりする。	11 品物等を正確に数えたり、量ったり、決められたとおりに並べたり、束ねたり、積み重ねたりする。
12 簡単な記帳事務をする。	12 仕事に関連する伝達、簡単な記帳等の実務を正確にする。	12 仕事に関連する帳簿、伝票、報告書等が分かり、記帳や読み取りなどの実務を適切に行う。
13 合図に従って仕事を始め、作業場を離れる時には、必ず報告をする。		
14 清掃用具を使って、きれいに掃除をする。	13 清掃用具や機械を正しく使って、掃除をしたり、ゴミの処理をする。	13 用途にあった清掃用具を使い、決められた手順で清掃やゴミ処理をする。
15 作業に必要な道具、機械の名称が分かり、簡単な操作を安全に正しく扱う。	14 作業に必要な道具、機械の仕組みが分かり、操作を安全に正しく扱う。	14 作業内容で使用する道具や機械が分かり、道具や機械を正しく安全に使う。
16 道具や機械などの簡単な手入れをする。	15 道具や機械などの手入れをし、簡単な修理をする。	15 道具や機械などを点検し、日常的な手入れや、簡単な修理を行う。
17 道具や機械、材料などの後片付けや整理整頓をする。	16 道具、機械、材料、製品等の後片付けや管理をきちんとする。	16 道具、材料、製品を決められた指示に従い、保管し、機械の管理を正確に行う。
18 安全に関するいろいろな用語や表示に関心をもつ。	17 安全に関する用語や表示の意味を理解する。	17 安全に関する手引き等を理解する。

19 危険な場所や物に注意を払う。	18 危険な場所や状況に注意して作業をする。	18 危険な場所や状況を予測して、安全に作業をする。
20 自分や他人の安全に気をつけて作業をする。	19 自分や他人の安全に気を配って作業する。	19 自分や他人の安全を確保して、安全に作業する。
21 機械の故障や異常、危険な状態に気がついたらすぐに知らせる。	20 機械の故障や異常、危険な状態に気がついたら適切な処置をする。	20 機械の故障の有無や危険な状態でないかを確認し、必要な処置をする。
22 仕事の内容と自分が分担した仕事の内容や手順が分かる。	21 自分が分担した仕事は、責任をもって最後までやり遂げる。	21 自分に分担された仕事の役割が分かり、責任をもってやり遂げる。
23 仕事をするとき、分からないことはよく聞いてする。	22 仕事をするとき、分からないことは自分から進んで聞く。	22 仕事の方法や段取り等で分からないときは、分からないことをはっきりさせて聞く。
24 人と協力して仕事をするようにする。	23 人と協力して仕事をする。	23 人と協力して効率よく仕事をする。
25 仕事の決まりや指示をよく守る。	24 仕事の決まりや指示、伝達、注意などをよく守る。	24 作業の手順や指示・伝達等を理解しそのとおりに仕事をする。
26 必要のない時以外は、人の仕事に手出しや口出しをしない。	25 他人の失敗や過失をとがめず、気づいたら相手にそのことを伝える。	25 他人が失敗した場合は、協力して処理に当たるようにする。
27 自分の住んでいる地域にある様々な職場やそこで働く人、働く生活に興味をもつ。	26 いろいろな職業に関心をもち知識を深める。	26 職場には、様々な仕事があり、それぞれが関連していることを知る。
28 会社などで働いている人々の様子を見て、卒業後の生活について関心をもつ。	27 働くことの大切さや厳しさを知り卒業後の生活について自覚をもつ。	27 働くことの意義を自覚し、卒業後の職業生活に見通しをもつ。
29 いろいろな交通機関の利用の仕方に関心をもつ。	28 職場までの交通機関の利用の仕方について知る。	28 職場までの通勤方法や定期券、回数券などの購入方法を知る。
30 産業現場等における実習（以下、現場実習）の意味を理解し、仕事をする。	29 産業現場等における実習の意味を理解し、進んで仕事をする。	29 産業現場等における実習を積極的に行い、自己の進路選択に役立てる。
31 現場実習先でのいろいろな決まりを守る。	30 現場実習をする場でのいろいろな決まりを守る。	30 現場実習をする場での決まりを理解し、決まりを遵守して実習する。
32 仕事に関する自分の仕事を理解して行う。	31 仕事に関する自分の分担に責任をもって、最後までやり遂げる。	31 仕事に関する自分の分担を理解し、効率よく仕事をやり遂げる。
33 現場実習の場面に応じて、人と協力して仕事を行う。	32 現場実習の場面に応じて、進んで人と協力する。	32 現場実習の様々な場面での役割を理解し、進んで人と協力する。
	33 現場実習中の健康と安全に注意する。	33 現場実習中の健康管理と安全確保の方法が分かり、実践する。
34 現場実習中の緊急時の対応を知る。	34 現場実習中の緊急時の対応を適切に行う。	34 現場実習中の緊急時の対応を理解し、適切に処する。
	35 生産した物が、社会でどのように利用されているかを理解する。	35 現場実習先の製品の流通、消費などを理解する。
35 製品や収穫物の良否が分かる。	36 製品の良否が分かり不良品を出さないように注意する。	36 製品の良否を点検する方法が分かり、不良品を出さない方法を工夫する。
36 休憩時間などの意味を知り、有効に使う。	37 休憩時間や休日の適切な過ごし方を知る。	37 休憩時間の使い方や休日の計画的な過ごし方を知る。

37 自分の能力や適性などがある程度分かり、進路について関心をもつ。	38 自分の能力や適性などを理解し、進路について決める。	38 自分の個性や能力が発揮できる職業を知り、主体的に進路先を選択する。
38 金銭や物などで公私の区別をする。	39 労働と報酬との関係が分かる。	39 労働時間や内容と報酬が関係していることを理解する。
	40 給料の使い方を知る。	40 給料等の計画的な使い方を知る。
	41 労働時間、賃金、休暇などの基本的労働条件について知る。	41 労働時間、賃金、休暇などの基本的労働条件について知り、進路選択の参考にする。
	42 健康保険、労災保険、失業保険、年金等の制度のあらましを知る。	42 職業生活をする上で、健康保険、労災保険、年金等が大切であることを理解する。
39 卒業後、学校と連絡を取ったり、同窓会などに参加したりすることの意味が分かる。	43 職場でのサークル、厚生施設などの利用方法を知る。	43 職場での旅行会やサークルの参加方法や厚生施設の計画的な利用方法を知る。
40 電話で、仕事に関する簡単な用件を、伝えたり、受けたりする。	44 電話で、仕事に関する用件を伝えたり、受けたりする。	44 電話で、仕事に関する用件を正確に伝えたり、受けたりする。
41 職場では、様々な情報機器が使われていることに関心をもつ。	45 コピー機、ワープロ機、ファクシミリ、コンピュータなどの事務機器を取り扱う。	45 コピー機、ワープロ機、ファクシミリ、コンピュータなどの事務機器を適切に扱い事務作業をする。
42 コピー機や電話などの簡単な情報機器の扱いに慣れる。		46 コンピュータ制御の機械の入力や操作を行う。
43 コンピュータの操作に親しむ。	46 コンピュータ制御の機械の簡単な入力を行う。	47 コピー機、ワープロ機、コンピュータなどの情報管理の方法を理解する。
	47 コンピュータの操作に慣れ校内LANを取り扱う。	48 校内LANやインターネットを使った情報処理を行う。
44 公共職業安定所、福祉事務所などの役割と利用の仕方を知る。	48 公共職業安定所、福祉事務所、職業センターなどの役割が分かり、利用の手続きや方法を知る。	48 公共職業安定所、福祉事務所、職業センターなどをどんなときに利用するかが分かり、必要に応じて利用する。
	49 職業に就いてからも、絶えず職業的能力を高めようと努力することの大切さが分かる。	50 職業に就いてから職業的能力を高める方法が分かる。

職業・家庭〔家庭〕

第4段階	第5段階	第6段階
1　いつも清潔な衣服を着る。	1　進んで清潔な衣服を着る。	
2　自分で身なりを整え、簡単な日常着などの手入れをする。	2　季節、気温、場所等に応じた服装をする。	1　流行を取り入れ、Ｓ・Ｍ・Ｌなど自分の体にあった衣服などを選ぶ。
3　洗濯用具、器具、洗剤の使い方が分かり、簡単な日常着を洗濯する。	3　衣類などの材質や汚れに応じた洗い方が分かり、洗濯する。	2　必要に応じてクリーニング店を利用する。
4　簡単な物にアイロン仕上げをする。	4　布地の性質に合わせて、アイロン仕上げをする。	
	5　衣服などの整理や保管の仕方が分かる。	3　衣服などの整理、保管の仕方を理解して、適切にする。
5　布、針、糸を使って基礎縫いをする。	6　まつり縫い、返し縫いができ、衣服のほつれなどを直す。	4　一人で衣服の簡単な補修をする。
6　ボタンなどを付ける。		
7　ミシンの使い方を知り、直線縫いをする。	7　ミシンを使って、簡単な小物、袋物などが縫える。	5　ミシンの使い方に慣れ、いろいろな物を縫う。
8　キットを使って、簡単な手芸作品を作る。	8　型紙に合わせて裁断し、小物や袋物を作る。	6　寸法、型紙の取り方が分かり、簡単な衣服などの製作をする。
9　簡単な刺繍、刺し子、編み物、染色、織物などをする。		7　手芸品を作り、日常の生活に生かす。
10　簡単な食品名や料理名が分かる。		
11　栄養を考えて、いろいろな食品を組み合わせて食べる。	9　栄養素及びその主な特徴を知りいろいろな食品を組み合わせて食べる。	8　一日に必要な食べ物の摂取量や栄養が分かり、バランスの良い食事をする。
12　加工食品、半加工食品、冷凍食品について知り、利用する。		9　加工食品などの表示の意味を知る。
13　食品の変質について知り、保存の仕方が分かる。	10　食品製造年月日、賞味期限、品質保持期限などを見て、新鮮な物を選ぶ。	10　食品添加物などに注意して食品を選ぶ。
14　冷蔵庫の使い方を知る。	11　冷蔵庫、冷凍庫、野菜室を適切に使用する。	11　冷蔵庫、冷凍庫などを適切に使用し、食品の保存、管理をする。
15　食品、食器、着衣などの衛生に気をつける。	12　食生活の安全と衛生に気をつけ、洗剤、消毒剤などを、適切に使う。	12　食中毒について知り、食品衛生に注意する。
16　主食、副食、汁物、つけあわせなどについて知る。	13　日常よく使用されている食品を使って、簡単な献立を立てる。	13　バランスのとれた日常食の献立を立てる。
17　献立に合わせ、必要な材料を取りそろえる。	14　献立に合わせ、必要な材料の買い物をする。	14　値段や鮮度を考えて、材料を取りそろえる。
18　食品の洗い方、切り方が分かり、簡単な調理をする。	15　洗う、切る、加熱する、調味するなどの基本的な調理操作が分かり、調理する。	15　基本的な調理操作を工夫し、手際よく調理する。
19　主な調味料の使い方が分かる。	16　献立に合う調味料を適量使う。	16　自分の好みに合わせて、調味料を適量使う。
20　調理用具を安全に扱う。	17　調理用具の種類、用途を知り、安全に適切に扱う。	17　調理用具の手入れ、管理を適切にする。
21　電気器具、ガス器具、電磁調理器などの扱いに慣れる。	18　電気器具、ガス器具、電磁調理器などを安全に適切に扱う。	18　電気器具、ガス器具、電磁調理器などの手入れ、管理を適切にする。

22 盛りつけや配膳をする。	19 彩り、量、器などを考え盛りつけをする。	19 盛りつけや配膳を工夫し、手際よくする。
23 食事の準備、後片付けをする。	20 食事の準備、後片付けを手順よくする。	20 食事の準備、後片付けを効率よくする。
24 調理室の整理・整頓をする。	21 調理室の整理・整頓をし、清潔にする。	
25 写真や見本を見て、食事を注文する。	22 献立表を見て、食事を注文する。	
26 マナーを守って楽しく食事をする。	23 食堂、レストラン等での食事のマナーを知る。	21 食堂、レストラン等で、自分で注文し、マナーを守って楽しく食事する。
27 自分の持ち物を整理・整頓する。	24 自分の持ち物を工夫して整理・整頓する。	
28 住まいの簡単な手入れや飾り付けなどの手伝いをする。	25 住まいの簡単な手入れや飾り付けを工夫する。	
29 部屋の換気、採光、照明の仕方を知り、調節する。	26 部屋の換気、採光、照明の仕方を知り、健康な住まい方を工夫する。	
30 照明器具、冷暖房器具を安全に使う。	27 照明器具、冷暖房器具を適切に使う。	22 照明器具、冷暖房器具の手入れ、補修の仕方を知る。
31 清掃用具、掃除機などを使って住居を清潔にする。	28 家庭内の整理・整頓や清掃などを行い、気持ちの良い住まいを工夫する。	23 安全で快適な室内環境の整備と住まい方の工夫をする。
32 指示に従って、ゴミを分別する。	29 決まりに従って、ゴミを分別し、適切に処理する。	24 生活の中で、ゴミを減らす工夫をしたり、リサイクルしたりする。
33 掃除用の洗剤、殺虫剤などを安全に扱う。	30 掃除用の洗剤、殺虫剤などの使用法を知り、適切に扱う。	25 掃除用の洗剤、殺虫剤などの使用法が分かり、安全に適切に扱う。
34 家庭内のいろいろな危険物を注意して取り扱う。	31 家庭内のいろいろな危険物を注意して扱い、危険な場合は、適切な処理をする。	
35 戸締まり、防火などの大切さを知り、事故の場合は人に知らせる。	32 戸締まり、防火などに注意し、事故の場合は適切な連絡をする。	26 防犯ベル、火災報知器、消火器などの正しい取り扱いを知る。
36 地震、台風、洪水などの時には、指示に従って行動する。	33 災害に対する日頃の備えや避難場所、避難方法などが分かる。	27 地震、台風、洪水などの時には、適切に行動する。
37 家庭内における家族の立場や役割を理解する。	34 家庭の仕事を分担し、家族の一員としての自覚をもつ。	28 家庭の仕事を分担し、家族の一員としての役割を進んで果たす。
38 家庭内における仕事の種類や分担が分かり、手伝いをする。		
39 家庭の団らんに参加する。	35 家庭の団らんを楽しむ。	29 家庭の団らんに参加し、家族に思いやりの心をもつ。
40 乳幼児や老人に優しく接し、世話の手伝いをする。		30 乳幼児や老人の簡単な世話や看護をする。
41 簡単な家庭常備薬、家庭看護用品の使い方を知る。	36 簡単な家庭常備薬、家庭看護用品を正しく使う。	
42 コンピュータなどの情報機器に関心をもつ。	37 コンピュータなどの情報機器の簡単な操作をする。	31 コンピュータなどの情報機器の操作に慣れる。
43 職場や家庭で様々な情報機器が使われていることに関心をもつ。	38 コピー機、電話機、ファクシミリなどの簡単な操作をする。	32 コピー機、電話機、ファクシミリなどの操作に慣れる。

44　電話やファクシミリ等で情報を受け取ったり、発信するときにマナーがあることを知る。	39　電話やファクシミリで情報を受け取ったり、発信するときには、マナーを守る。	
45　一日の生活に見通しをもち予定を立てて生活する。	40　生活時間を考え、有効な時間の使い方を工夫する。	
46　テレビ、音楽、ゲームなどを家族や友達と一緒に楽しむ。	41　スポーツ、音楽、飼育、栽培などの趣味をもち、生活を楽しむ。	33　余暇や休日を計画を立てて有効に過ごす。
47　余暇や休日を楽しく過ごす。		
48　来客への対応や親戚や友達の家への訪問の仕方を知る。	42　親戚や友達の家を訪問したり、来客の対応をしたりする。	34　礼儀正しく訪問したり、来客の対応をしたりする。
	43　結婚の意味が分かる。	35　両性の合意等結婚の基本的事項について理解する。
	44　妊娠、出産について知る。	
49　値段の高い安いを知り、上手な買い物をする。	45　予算を立てて、計画的な買い物をする。	36　予算生活の必要性を理解し計画的に預金・貯金をする。
50　無駄使いをしないで預金・貯金をする。		
51　プリペイドカード、キャッシュカードなどの利用の仕方を知る。	46　プリペイドカード、キャッシュカードなどの利用の仕方が分かり、必要に応じて利用する。 ・クレジットカードの暗証番号の扱いを知る。 ・クレジットカードの扱いについて知る。	37　現金購入、分割購入の違いが分かり、物品の計画的購入の大切さを知る。
52　簡単な金銭収支を記録する。	47　レシート、領収書などの内容を読み取り、家計簿に記録する。	38　家計の収入、支出状況についてだいたい知り、家庭の経済計画に協力する。
		39　独立して生活するための1か月にかかる費用を知る。

監修・編集委員一覧

監　修
　井上 とも子　　鳴門教育大学教授
　小川 純子　　　愛知県立名古屋特別支援学校長

編集委員
　村野 一臣　　　全国特別支援学校知的障害教育校長会会長
　　　　　　　　東京都立町田の丘学園校長

　坂口 昇平　　　全国特別支援学校知的障害教育校長会事務局長
　　　　　　　　東京都立小金井特別支援学校長

　土田 豊　　　　全国特別支援学校知的障害教育校長会事務局次長
　　　　　　　　東京都立清瀬特別支援学校長

　田邊 陽一郎　　全国特別支援学校知的障害教育校長会事務局
　　　　　　　　東京都立白鷺特別支援学校長

　早川 智博　　　全国特別支援学校知的障害教育校長会事務局
　　　　　　　　東京都立江東特別支援学校長

　真下 智　　　　全国特別支援学校知的障害教育校長会事務局
　　　　　　　　東京都立板橋特別支援学校長

（敬称略、所属・職名は平成27年11月現在）

＜平成26年度＞
　明官 茂　　　　全国特別支援学校知的障害教育校長会会長
　　　　　　　　東京都立町田の丘学園校長

　山口 学人　　　全国特別支援学校知的障害教育校長会事務局
　　　　　　　　東京都立王子特別支援学校長

執筆者一覧

はじめに
村野 一臣　　　全国特別支援学校知的障害教育校長会 会長

第1部　理論編
1　井上 とも子　　鳴門教育大学 教授
2　小川 純子　　　愛知県立名古屋特別支援学校長

第2部　実践編
1　小学部・中学部の事例
　①藤井 幸枝　　山口県立徳山総合支援学校小学部 主事
　　中嶋 大輔　　山口県立徳山総合支援学校小学部 教諭
　　小柳 恵子　　山口県立徳山総合支援学校小学部 教諭
　　石井 晴美　　山口県立徳山総合支援学校小学部 教諭
　　河村 栄子　　山口県立徳山総合支援学校小学部 教諭
　②棗島 千鶴　　徳島県立池田支援学校小学部 教諭
　　河崎 真理　　徳島県立池田支援学校小学部 教諭
　③伊阪 千登世　東京都立矢口特別支援学校小学部 主任教諭
　④国分 美恵子　三重県立くわな特別支援学校中学部 教諭
　⑤尾木 直子　　滋賀県立北大津養護学校中学部 教諭

2　高等部「食」に関する事例
　①川嶋 恵美　　青森県立むつ養護学校 教諭
　②小林 雅代　　愛知県立春日台特別支援学校 教諭
　　目黒 利奈　　愛知県立春日台特別支援学校 教諭
　③清久 幸恵　　鳴門教育大学附属特別支援学校 教諭
　④平安名 利子　沖縄県立美咲特別支援学校 教諭

3　高等部「食」以外に関する事例

　①小野 恵美子　　東京都立白鷺特別支援学校 主任教諭
　②上床 恭子　　　東京都立青鳥特別支援学校 教諭
　③田村 真千子　　鳥取県立白兎養護学校 教諭
　④小川 初美　　　茨城県立勝田特別支援学校 教諭
　⑤木野 かおり　　静岡県立藤枝特別支援学校焼津分校 教諭
　⑥西脇 優美子　　京都市立白河総合支援学校 教諭
　⑦濱野 由美子　　兵庫県立いなみ野特別支援学校 教諭
　⑧吉田 広子　　　富山県立しらとり支援学校 教諭
　　森松 佳子　　　富山県立しらとり支援学校 教諭
　　井内 千絵　　　富山県立しらとり支援学校 教諭

4　高等部「作業学習」のうち「家庭」的内容を多く含む事例

　①畠山 由美子　　佐賀県立伊万里特別支援学校 教諭
　　野田 万里子　　佐賀県立伊万里特別支援学校 教諭
　②福島 秀峰　　　北海道鷹栖養護学校 教諭
　③大和地 香子　　福島県立西郷養護学校 教諭
　④岡田 晶子　　　岡山県立倉敷琴浦高等支援学校 教諭
　⑤鳶野 美紗　　　富山県立となみ総合支援学校 教諭

＜資料提供＞
　　吉田 昌義　　　聖学院大学 教授
　　大南 英明　　　全国特別支援教育推進連盟 理事長

（敬称略、所属・職名は原稿執筆時）

表紙デザイン　宇都宮　政一

知的障害特別支援学校の「家庭」指導

2015年12月23日　　第1版第1刷発行
2016年 3月18日　　第1版第2刷発行

監　　修　井上　とも子・小川　純子
編　　著　全国特別支援学校知的障害教育校長会
発 行 人　加藤　勝博
発 行 所　株式会社ジアース教育新社
　　　　　〒101-0054　東京都千代田区神田錦町1-23 宗保第2ビル
　　　　　TEL 03-5282-7183

印刷・製本　アサガミプレスセンター株式会社
○定価は表紙に表示してあります。
○乱丁・落丁は取り替えいたします。

Printed in Japan
ISBN978-4-86371-342-0